edition **+ plus**

Andreas Reinke

VertrauensBildung

Wege aus der Schulangst

10
familylab
Schriftenreihe

Andreas Reinke

VertrauensBildung

Wege aus der Schulangst

Copyright © by Andreas Reinke und
Mathias Voelchert GmbH Verlag
Korrektorat: Nuka Matthies, Berlin
Verlagsredaktion: Mathias Voelchert GmbH
Umschlaggestaltung: Mathias Voelchert GmbH & Sead Mujić
Typografische Bearbeitung und Satz: Sead Mujić
Herstellung BoD – Books on Demand, Norderstedt
Printed in Germany
ISBN 978-3-935758-81-9

Wie auch als eBook mit der ISBN 978-3-935758-82-6

Copyright für die deutsche Ausgabe 2017
© by Andreas Reinke und Mathias Voelchert GmbH Verlag,
Windberg, edition + plus
1. Auflage 2017

Kontakt: mvg@mathias-voelchert.de
www.familylab.de

Andreas Reinke:
https://www.facebook.com/Beziehungspflege?fref=ts

Inhalt

Vorwort

Mit Schule verbinde ich die Angst.

Versagen. Lehrer, Mitschüler, Noten. Ich. Ich habe Angst davor, mich selbst zu zeigen. Vor den Menschen, auf die ich täglich treffe, und davor, falsch zu sein. Nicht hineinzupassen.

Dies mag ein extremes Beispiel sein, aber ich bin nicht die Einzige.

Jedem von uns geht es ähnlich. Ich kenne keine Person an meiner Schule, die gern hingeht. Gründe dafür sind eben nicht nur die Unterrichtsinhalte und der Druck, sondern die Art und Weise, wie miteinander umgegangen wird. Das alles führt zu einer Menge Stress.

Wenn man etwas verändern oder bewegen möchte, reicht es nicht, nur festzustellen, dass es nicht gut ist, wie es ist. Die Frage nach dem Warum ist vonnöten.

Was wir Schüler im Unterricht (vor allem) vermissen, ist der Bezug zur Realität. Zum »echten« Leben. Dem Leben, das auf uns zukommt, wenn wir die Schule verlassen.

Wir wünschen uns, darauf bestmöglich vorbereitet zu sein.

Was braucht ein Mensch, um im Leben zu bestehen?

Diese Frage möchte ich Ihnen mitgeben. Denn die Inhalte des sogenannten »Lehrplans« sollten sich an DIESER Frage orientieren. Ich selbst habe noch nicht sehr viel Lebenserfahrung, aber eine Erkenntnis hatte ich. Meine Antwort auf obige Frage ist: Ein Mensch sollte sich selbst kennen.

Wir verlieren uns selbst in der Schule, weil wir kaum Zeit finden, uns mit uns selbst zu beschäftigen. Da dies die wichtigste Voraussetzung ist, um sich selbst kennen zu lernen, fordere ich mehr Zeit für uns Kinder und Jugendliche, damit wir herausfinden können, wer wir sind und was wir sein wollen. Ein Kind muss die Möglichkeit haben, die eigenen Stärken zu entdecken und gleichzeitig mit »Schwächen« umzugehen beziehungsweise diese zu akzeptieren. Schule sollte dabei eine fördernde und unterstützende Rolle einnehmen, keine fordernde.

Die Schule ist ein Ort, an dem viele verschiedene Menschen aufeinandertreffen.

Dies birgt natürlich viele Konflikte in sich, ist aber an sich ja keine schlechte Idee, denn es gibt uns die Möglichkeit zum Austausch und zum Erleben einer Gemeinschaft. Es ist nur wichtig, dieses Aufeinandertreffen günstiger zu gestalten und zu begleiten, damit Konflikte nicht eskalieren, sondern gemeinsam bewältigt werden. Dann gäbe es auch weniger Mobbing, was an nahezu jeder Schule ein Problem ist, über das meistens hinweggesehen wird oder wofür nur oberflächliche Lösungen gefunden werden.

Neulich hatten wir in meiner Klasse mal wieder eine von vielen Diskussionen darüber, wie wir uns Schule wünschen würden, und natürlich nannten wir erstmal alle Dinge, die wir nicht in Ordnung finden. Ein Mädchen meinte, dass sie es unmöglich fände, dass »der Staat« wenig in Kultur und Bildung investiere. Ich muss ihr zustimmen.

Eine Tatsache, die wir immer wieder vergessen, ist, dass Schule auf einen sehr persönlichkeitsprägenden Lebensabschnitt fällt: Kindheit und Jugend. In der Zeit, in der wir erwachsen werden oder es werden sollten, formt sich mit uns die Zukunft der Gesellschaft.

Wie soll unsere Zukunft aussehen? Möchten wir eine Welt, in der die Menschen alles abschreiben und auswendig lernen, was ihnen gesagt wird, um es zeitnah wieder zu vergessen? Oder wollen wir Kinder zu Erwachsenen reifen lassen, die selbstständig und nachdenklich sind und Verantwortung übernehmen können?

Ist es wirklich wichtiger, dass jede/r von uns das Wissen der letzten zweitausend Jahre einmal durch sein Gehirn hat laufen lassen, als dass er/sie sich mit den Dingen beschäftigen kann, die ihn/sie wirklich interessieren und vielleicht eine berufliche Zukunft bedeuten können?

Unter Bildung wird meist das Aneignen von Wissen unter Leistungsdruck (und damit auch Angst) verstanden, und entsprechend einseitig ist der Schulalltag gestaltet. Einen viel größeren Raum sollte das soziale Miteinander einnehmen: Ich ging fünf Jahre lang in eine Schule, in welcher einige der Lehrer zuließen, dass man von ihnen nicht nur als »Stoffvermittler« etwas lernte, sondern auch als Menschen. Für viele hat das Leben an dieser Schule bedeutet, Teil einer Gemeinschaft zu sein, in der Schüler und Lehrer voneinander lernten. In etlichen Bildungseinrichtungen ist das anders: Größtenteils existiert da diese harte Grenze zwischen Lehrern und Schülern. Das ist schade. Diese Zeit, besonders das Jahr, in welchem ich in die fünfte Klasse ging, ist für mich eine sehr prägende Zeit gewesen, ohne die ich sicherlich ein anderer Mensch wäre. Sicher: Wir versäumten während all dieser Diskussionen und Gespräche so manchen Lehrplaninhalt. Dennoch: Ich habe in dieser Zeit viel gelernt. Wahrscheinlich mehr, als ich in den nächsten zwei Jahren, in der Zeit bis zum Abitur, lernen werde.

Lernen.

Meine Idealvorstellung von Schule: Lernen, wo meine Schwächen und Stärken liegen.

Lernen, sich gegenseitig zu akzeptieren und Gedanken auszutauschen.

Lernen, was ich und wie ich es will. In meinem eigenen Tempo.

Ich wünsche mir, dass sich etwas ändert, und um

Dinge zu ändern, braucht es Menschen, die bereit sind, nicht nur umzudenken, sondern anders zu handeln.

Ich hoffe und bin mir sicher, dass dieses Buch einen Teil dazu beitragen wird.

Ich wünsche mir, dass Schule ein Ort ist, an dem ich gern bin.

Ein Ort ohne Angst.

Jorinde Becker (17),
ehemalige Schülerin von Andreas Reinke

Einleitung: Etliche, viele, manche, häufige ...

Sind *etliche Schulen* acht von zehn Schulen? Wen meine ich mit der Formulierung *viele Lehrer*[1]? Und auf wen genau bezieht sich der Ausdruck *manche Eltern?* Erlaubt sein darf außerdem die Frage, wie häufig *häufig* nach meinem Ermessen wohl ist?

Auf den folgenden Seiten werde ich regelmäßig (regelmäßig?) von etlichen, vielen, manchen, bisweilen sogar unzähligen Schulen, Lehrern, Eltern und Schülern sprechen. Von Institutionen und Menschen, die nach meiner Einschätzung oft, manchmal oder immer dieses oder jenes tun beziehungsweise unterlassen. Ich kann den Lesern versprechen, mit meinen Formulierungen zu ringen und nur denjenigen grünes Licht zu erteilen, die ich für tragfähig halte. Damit ist indessen nicht geklärt, ob ich immer »richtig« liege. Der eine wird sagen »Ja, das stimmt!«, der andere »Nein, das stimmt nicht!« Wer hat Recht? Rechthaberei ist nicht mein Anliegen. Nach nunmehr vierzehn Jahren als Lehrer bin ich der Überzeugung (und selbst die muss nicht »stimmen«), dass Schulentwicklung und Rechthaberei im krassen Wider-

---

1 Zur besseren Lesbarkeit habe ich meistens darauf verzichtet, die Formulierungen »Lehrerinnen und Lehrer«, »Schülerinnen und Schüler«, »Schulleiterinnen und Schulleiter« usw. zu nutzen. Ich weiß, dass es Menschen gibt, die das nicht mögen. Ich bitte um Nachsicht und betone, dass ich das »Innen« beim Schreiben mitgedacht und mitgefühlt habe.

spruch zueinander stehen. Gewiss müssen insbesondere wir Lehrer Stellung beziehen und sagen, was wir denken und wofür wir stehen. Gleichwohl sollten wir uns regelmäßig daran erinnern – und zwar unabhängig davon, wie fundiert wir unsere Meinungen vertreten können und was im Schulgesetz steht –, dass wir nicht das Maß aller Dinge sind. Mehr denn je sind wir Lehrer aufgefordert, die Verantwortung für die Qualität des Miteinanders zu übernehmen, und das setzt nach meiner Überzeugung unbedingt voraus, eigene Wahrheitsansprüche zu disziplinieren. WIR geben den Ton an! Wenn wir uns – nach schier endlosen Zeiten der zermürbenden Diskussionen und der entwürdigenden »Falschmacherei« – öffnen wollen für den gleichwürdigen Dialog, müssen wir uns lösen von der Idee, allein aufgrund unserer Rolle DIE Wahrheit zu kennen. Ich selbst kenne nur eine Wahrheit, nämlich die, dass es speziell in Schulentwicklungsfragen keine absolute(n) Wahrheit(en) gibt. Unzählige Eltern und Schüler wehren sich heute gegen die schulische Definitionsmacht. Sie fragen nach, sie sagen »Nein!«, sie mischen sich ein. Wollen sie die Macht an sich reißen? Nein. Sie wollen in erster Linie »gesehen« und ernst genommen werden.

Wir alle konstruieren unsere Realitäten nicht aufgrund objektiver Wahrheiten, sondern vor dem Hintergrund erfahrungs- und umweltbedingter (bewusster und unbewusster) Deutungen. Das gilt natürlich auch für mich, und das will ich in der Auseinandersetzung mit dem Thema Schulangst berücksichtigen. Zwar arbeite ich seit geraumer Zeit als Lehrer, aber es wäre vermessen, zu glauben, ich könne auf Grundla-

ge meiner Erfahrungen eine Art Schul-Schablone entwerfen. Ich weiß nicht, wie die Schulen in München,
Schwerin oder Köln sind. Ich kenne keine Lehrer aus
Bremen, Görlitz oder Wolfsburg. Mir sind keine Eltern aus Würzburg, Ulm oder Radebeul bekannt. Und
Schülern aus Niebüll, Dresden oder Hannover bin ich
auch noch nicht begegnet.

Zumindest nicht wissentlich.

Und dennoch schreibe ich ein weiteres Buch zum
Thema Schule[2]. Ein Buch über etliche Schulen, viele
Lehrer, manche Eltern und häufige Situationen. Wie
komme ich dazu? Sollte ich nicht bei meinen Leisten
bleiben und mich ausschließlich auf das konzentrieren, was ich in den letzten vierzehn Jahren selbst und
konkret erlebt habe?

Ich glaube nicht, alle Schulen, Lehrer, Schüler und
Eltern kennen zu müssen, um behaupten zu dürfen,
dass es etlichen Menschen an unseren Schulen aufgrund massiver Ängste schlecht geht. Zwei Fragen treiben mich um: Warum gibt es an unseren Schulen so
viel Angst und Elend? Und: Wie kommen wir raus aus
der Nummer? Während ich auf den nächsten Seiten
einen kritischen, wenngleich (hoffentlich) wertschät-
zenden Blick auf unser Schultreiben riskiere, mute
ich mir und den Lesern zu, eine Schule in Erwägung
zu ziehen, die getragen wird von Werten wie Vertrau-

---

2 Mein erstes Buch Das wird Schule machen – Kein Bildungssystem kann besser sein als seine Lehrer! wurde in der
familylab-Schriftenreihe im Herbst 2015 veröffentlicht.

en, Gleichwürdigkeit, Empathie, Integrität und Dialog. Eine Schule, die Menschen in ihrem Sosein stärkt und nicht sagt: »So müsst ihr sein!« Eine Schule, in der Menschen wachsen dürfen und nicht schrumpfen müssen, um in den Augen anderer richtig zu sein. Ich will hervorheben, dass ich mit dem Wort *Menschen* nicht ausschließlich Kinder und Jugendliche assoziiere. Zu viel will ich an dieser Stelle nicht vorwegnehmen, doch will ich bereits hier meine Überzeugung andeuten, dass wir unsere Schulen erst dann weiterentwickeln können, wenn wir sie nicht ausschließlich vom Schüler her denken. Dieser Gedanke mag irritieren, schließlich scheint nichts naheliegender zu sein, als alles zu tun, um Kindern und Jugendlichen eine gute Schule zu ermöglichen. Unbedingt jedoch müssen wir in unsere Überlegungen einbeziehen, dass es uns – die Erwachsenen – auch noch gibt. Uns Lehrern, uns Eltern[3], unserem Wohlergehen und den Beziehungen zwischen Lehrern und Eltern haben wir in der Vergangenheit deutlich zu wenig Aufmerksamkeit geschenkt. Zwar führen Lehrer und Eltern heute häufiger Gespräche als noch vor dreißig Jahren, nur geht damit nicht unweigerlich einher, dass die Qualität der Zusammenarbeit gestiegen wäre. Noch immer berichten Lehrer und Eltern von entwürdigenden Anschuldigungen und kräftezehrenden Kämpfen. Permanent wird der schwarze Peter von einem zum anderen gereicht. Mal haben die Lehrer Schuld, mal die Eltern. Das ist zwar in gewisser Weise normal, nur kommen wir so nicht weiter. Wie wollen wir eine Schule der Zukunft anbahnen, wenn Lehrer und Eltern kurzat-

---

3 Ich bin Vater einer elfjährigen Tochter.

mig und im Gegeneinander die letzten Kraftreserven mobilisieren? Das funktioniert nicht! Wenn wir »alle« sind, sind wir zumeist nicht offen für Dialog, für alternative Perspektiven, für interdisziplinäre Zusammenhänge. Dann berufen wir uns eher auf »das Alte«. Mit den alten Sichtweisen und Werkzeugen fühlen wir uns nicht unbedingt wohl, aber mit ihnen kennen wir uns zumindest aus.

Das, was ich in diesem Buch anspreche, ist das (vorläufige) Ergebnis langen Nachdenkens, intensiven Reflektierens, genauen Hinspürens, empathischen Zuhörens. Ich habe in den vergangenen Jahren viele Gespräche geführt mit Kindern, Jugendlichen, Eltern, Lehrern und Schulleitern, und es vergeht kaum ein Tag, an dem ich nicht Nachrichten bekomme von Menschen, die sich zum Schulthema äußern. Zum Teil erreichen mich überaus bewegende Zeilen, und es ist mir ein wichtiges Anliegen, einige Auszüge in mein Buch zu integrieren.[4]

Ich hoffe sehr, dass ich Ihnen sinnvolle Impulse und wohltuende Perspektiven anbieten kann. Egal, ob Sie Lehrer, Eltern oder ganz einfach interessiert sind. Mit Rezepten jedoch kann ich nicht dienen. Schulrezepte muss ich Ihnen schuldig bleiben. Machen Sie sich ein Bild, bleiben Sie kritisch und nehmen Sie bitte mein Bedauern darüber zur Kenntnis, dass es mir nicht immer gelingen wird, detailliertere Angaben als *unzählige, viele, manche* und *häufige* zu machen.

---

4 Mit Zustimmung derer, die ich zitiere ...

Eines aber weiß ich ganz genau, und an diesem Punkt lasse ich nicht mit mir diskutieren:

In diesem Land (und in anderen Ländern) gibt es unglaublich viele wunderbare Menschen, die jeden Tag versuchen, ihr Bestes zu geben. Sowohl im privaten Umfeld als auch im beruflichen Bereich. Sowohl in der Familie als auch in der Schule.

Manchmal werde ich gefragt, ob es bei all den unterschiedlichen Individuen, Interessen und Rollenbeschreibungen einen großen gemeinsamen Nenner geben könnte. Etwas, was Pädagogen, Schüler und Eltern vereint.

Ja, da gibt es etwas: das Menschsein.

Das ist der Ausgangspunkt meiner Überlegungen und unter anderem davon handelt dieses Buch.

Ich wünsche Ihnen viel Freude.

Grimma, im Oktober 2016

Schulangst

»Die Phantasie der Angst ist jener böser, äffische Kobold, der dem Menschen gerade dann noch auf den Rücken springt, wenn er schon am schwersten zu tragen hat.«

Friedrich Nietzsche

Wir haben an unseren Schulen – wohlgemerkt auf allen Ebenen – ein massives und bisweilen hervorragend getarntes Angstproblem. Lange Zeit hießen wir Angst an unseren Schulen willkommen. Sie stand sozusagen auf der Gästeliste und erfreute sich unter Pädagogen (und Eltern) zumeist größter Beliebtheit. Besonders jene Lehrer, die sich der Aufgabe verpflichtet sahen, Schüler gefügig und passgerecht zu machen, begrüßten es, wenn Kinder und Jugendliche aus Angst vor Sanktionen und Beschämungen den Kopf senkten. Das Schüren von Schulängsten zählte zum Repertoire der klassischen Lehrerautorität. Man könnte auch sagen: Klappern gehörte zum Handwerk. Also klapperten Lehrer, was das Zeug hielt, während Schüler zähneklappernd (oder zähneknirschend) darauf hofften, wegen »guter Führung« ungeschoren davon zu kommen. Wer die Klappe hielt, hatte ganz gute Chancen, in Ruhe gelassen zu werden. Die Vorlauten, die Abweichler, die Ungehorsamen mussten fühlen. Notfalls unter Zuhilfenahme des Stocks. Und wenn kein Stock zur Hand war – so berichtete uns unter anderem Arno Gruen[5] aus seiner Schulzeit – beauftragte

5 Schiffer, Monika: *Arno Gruen. Jenseits des Wahnsinns der Normalität. Biographie.*

der Lehrer seine Schüler, einen passenden Stock zu besorgen.

Die Epoche des Stocks gehört glücklicherweise der Vergangenheit an. Ist damit auch das Phänomen Schulangst verschwunden? Meine Meinung: Nein. Schulangst steckt in jeder Pore unseres Schulsystems, erweist sich als äußerst wandlungsfähig und versetzt nicht mehr allein Kinder und Jugendliche in dauerhafte Alarmbereitschaft. Längst ist Schulangst zu einem Problem für Kinder, Jugendliche UND Erwachsene geworden. Immer mehr Schüler, Lehrer und Eltern leiden unter massiven Ängsten und destruktiven Angstbewältigungsstrategien. Etliche Verängstigte nennen das, was sie im Alltag antreibt, nicht Angst, sondern Motivation oder Ehrgeiz. Unter hohem Einsatz versuchen sie, über Fach-, Anpassungs- und Verdrängungsleistungen ihrer Angst (zum Beispiel vor Versagen, Wertminderung, Verletzungen, Bloßstellungen, Nichtzugehörigkeit, Fehlern, Abstieg, Imageverlust, Schuldzuweisungen, Respektlosigkeit, Bedeutungslosigkeit, Nichtbeachtung) den Nährboden zu entziehen. In ihrem Treiben, das die wenigsten Menschen mit massiver, existentieller Angst in Verbindung setzen würden, registrieren sie nicht, dass sie einem Angstungeheuer Nahrung zuführen, das Seelen auffisst.

»Du spielst doch bloß Theater ...«
– Lehrer und Angst

»Ich glaube, dass viele Lehrer im Grunde Ihres Herzens Angst vor den Schülern haben. Vor allem die Härteren unter ihnen und die, die abfällig von ihren Schülern sprechen.«

Karolin Kaden, psychologische Beraterin

Nach meiner Einschätzung sind viele Lehrer unterhalb der Aufmerksamkeitsschwelle in einer Art Angstblase gefangen, die, obwohl sie sie daran hindert, gesunde und gesundheitsfördernde Lehrer zu sein, ein gewisses Maß an Sicherheit spendet und Stabilität verleiht. Sie ist der gewohnte Raum, in dem sie sich häuslich eingerichtet haben. Zumeist schon lange, bevor sie Lehrer geworden sind. Wer seit frühster Kindheit immer wieder die Erfahrung gemacht hat, nur unter bestimmten Voraussetzungen dazuzugehören und »gesehen« zu werden, ist möglicherweise auch als (berufstätiger) Erwachsener anfällig dafür, seine Angst vor Ab- und Zurechtweisungen mit Hilfe derjenigen Überlebensstrategien zu bekämpfen, die bereits im Kindesalter erlernt wurden. Menschen, die aufgrund ihrer Lebenserfahrungen die implizite Überzeugung gewonnen haben, dass sie im Miteinander mit anderen Menschen Gefahr laufen, angegriffen, angefeindet und ignoriert zu werden, werden aller Voraussicht nach auch im beruflichen Kontext regelmäßig auf Verteidigungsstufe »Defcon 1« gehen, um den »worst case« zu verhindern. Im Verteidigungsmodus sind im menschlichen Gehirn vor allen Din-

gen die Areale aktiv, die zuständig sind für Gefahren-
abwehr. Im Körper wird unter anderem das Hormon
Kortisol freigesetzt, das die Amygdala (Angstzent-
rum) aktiviert. Wenn der Eindruck entsteht, dass Leib
und Seele bedroht sind, gehen innerhalb kürzester
Zeit die archaischen Notfallprogramme »online«. Das
Gehirn ist, noch bevor der bewusste Denkapparat dif-
ferenzierte Einschätzungen vornehmen, intelligente
Schlussfolgerungen ziehen und die Aufmerksamkeit
willentlich steuern könnte, ausgerichtet auf Angriff,
Verteidigung oder Erstarren (fight, flight, freeze). Ar-
chaische Notfallprogramme sind angesichts konkre-
ter Bedrohungen (zum Beispiel durch einen beißwüti-
gen Hund) durchaus sinnvoll und überlebenswichtig.
Wenn es eng wird, müssen wir schnell sein. Würden
wir »um die Ecke denken«, liefen wir Gefahr, »um die
Ecke« gebracht zu werden. Notfallprogramme können
sich jedoch destabilisierend auf Wohlbefinden, Beziehungen und kognitive Fähigkeiten auswirken, wenn
Menschen ein Leben führen, in dem es um nichts anderes zu gehen scheint als ums nackte Überleben.

Ich begegnete in der Vergangenheit Kollegen, denen ihre Arbeit als Lehrer wie ein Überlebenskampf
vorkam. Ihr erstes Anliegen schien darin zu bestehen,
irgendwie durchzuhalten. So erging es wohl auch
Frau Dimmer, die ich eines Tages an ihrem Lehrer-
spind antraf. Sie hielt einen Brief in der Hand und
sagte mit leiser Stimme: »Noch fünfzehn Jahre.« Ich
fragte, was es mit der Angabe »fünfzehn Jahre« auf
sich habe. Etwas gedankenverloren blickte sie auf
ihren Rentenbescheid und erklärte: »Noch fünfzehn
Jahre bis zur Pension.«

Die meisten Lehrer und Nicht-Lehrer meinen, als Professioneller dürfe man ganz einfach keine Angst haben. Das sei unprofessionell und führe zu Autoritätsverlust. Angst gehöre nach allgemeiner Denk- und Gefühlsart nicht ins Portfolio eines Lehrers und dürfe keinen Einfluss nehmen auf die Arbeit des guten Wissensvermittlers. Ich kann dieser Einstellung nichts abgewinnen. Mehr noch: Ich halte sie für gefährlich. Zu behaupten, dass Lehrer nicht vom Angstvirus befallen wären beziehungsweise befallen werden sollten, bedeutet meiner Meinung nach, ein allgegenwärtiges Schulproblem zu leugnen, zu verfestigen und zu streuen. Unzählige Lehrer werden von massiven Ängsten geplagt und verstärken diese dadurch, dass sie sie entsprechend erlernter Muster bekriegen, umbenennen, nicht wahr- und annehmen. Sie fürchten sich hinter einem Schutzwall aus Scheinenwollen und zur Schau gestellter Autorität vor kränkenden und konfliktreichen Begegnungen mit Schülern, Eltern, Kollegen, Schulleitern. Aus Angst vor Grenzverletzungen, Autoritätsverlust und Fehlern sind sie eher mit restriktiven Verteidigungsmechanismen, defensiven Präventionsmaßnahmen und aggressiven Fremdzuschreibungen beschäftigt, als sich empathisch den eigenen und nach meiner Überzeugung sehr alten Ängsten zuzuwenden. Vor dem Hintergrund alter Prägungen prägen sie heute diejenigen, die in der normopathischen Welt Schule gezwungen sind, sich erwartungsgemäß anzupassen.[6] Schüler müssen sich

6 Die Begriffe »normopathisch« beziehungsweise »Normopathie« habe ich von Wolf Büntig übernommen. Zur Normopathie schreibt Wolf Büntig: »Die Unterwerfung unter fremde Normen,

den Normen und der Definitionsmacht ihrer Lehrer unterordnen. Wenn der Schwimmlehrer der Meinung ist, dass Björn aus der zweiten Klasse eigentlich keine Angst vor dem Schwimmunterricht hat, sondern lediglich »Theater spielt«, um sich »zu drücken«, hat Björn sehr wahrscheinlich mehrere Probleme: Er ängstigt sich auch weiterhin vor dem Schwimmunterricht (und dem Schwimmlehrer); ihm wird nicht geglaubt; er weiß nicht, wie er mit der angstbesetzten Situation umgehen kann; er denkt, dass mit ihm und seinem subjektiven Erleben etwas im Argen liegt. Björn befindet sich in einer Notlage und wäre unbedingt darauf angewiesen, dass ihm mitfühlende Erwachsene Sicherheit spenden. Stattdessen wird er allein dadurch verunsichert, dass ihm die Absicht unterstellt wird, er würde lediglich »Theater spielen«. Möglicherweise wird Björn im Laufe der Zeit lernen, »Theater zu spielen«, »mit dem Strom zu schwimmen«, »sich zusammenzureißen«, seine Gefühle abzuspalten, seinen inneren Impulsen zu misstrauen, sich zu deprimieren (»deprimere«: unter anderem niederdrücken). Zum Zwecke der überlebensnotwendigen Anpassung droht sein Selbstwertgefühl (»Was weiß ich über mich, und wie verhalte ich mich dem gegenüber?«) Schaden zu nehmen.[7]

deren Sinnhaftigkeit nicht mehr hinterfragt wird, nenne ich mit Viktor von Weizsäcker *Normopathie.* Ihre zentralen Merkmale sind normale Depression, Selbstentfremdung und Isolation von der Umwelt.« In: Büntig, Wolfgang: *Das Geschenk des Lebens,* in: Mühleisen, Hans-Otto (Hg): *Das Mögliche verwirklichen. Perspektiven der Humanistischen Psychologie.*

7 Zum Thema »Selbstwertgefühl« empfehle ich unter anderem folgendes Buch: Juul, Jesper; Jensen, Helle: *Vom Gehorsam zur Verantwortung. Für eine neue Erziehungskultur.*

In der Leistungsgesellschaft »Schule« ist es normal, Ängste zu verharmlosen und/oder über Anpassung, Leistungen oder Maßnahmen zu »zähmen«. Entscheidend ist nicht, wie es den Menschen geht und was sie fühlen. Entscheidend sind Abläufe und Ergebnisse. Sollte besagter Björn zukünftig am Schwimmunterricht teilnehmen, ohne »Theater zu spielen«, hat der Pädagoge zielgerichtet gehandelt. Damit geht jedoch nicht unweigerlich einher, dass Björn einen konstruktiven Weg gefunden hat, mit seiner Angst umzugehen. Björn wird nicht ewig in der zweiten Klasse bleiben. Irgendwann wird er zwölf Jahre alt sein und unter Umständen dadurch auffallen, dass er Mitschüler verängstigt und unter Druck setzt. »Eigenartig«, werden seine Lehrer sagen, »bisher hat sich Björn doch immer an die Regeln gehalten.« Dass auffällig gewordene Schüler Krisen auf der existentiellen Ebene durchleben, findet in etlichen Schulen entweder kaum Beachtung oder wird kategorisch in Richtung Elternhaus delegiert. Viele pädagogisch Professionelle meinen, dass die Probleme ihrer Schüler nichts mit ihnen und ihren Einflüssen zu tun hat. Schließlich sind sie die Professionellen. Wenn es schief geht, muss es an den Schülern beziehungsweise deren Eltern liegen. Meiner Ansicht nach haben viele Lehrer eine panische Angst davor, vor der eigenen Haustür zu kehren und sich einzugestehen, dass sie auch als Lehrer ganz normale Menschen mit biographisch bedingten Reiz-Reaktions-Mustern sind.

In der gegenwärtigen Schul-Diskussion geht es mir viel zu sehr um Konzepte, Strukturen und Finanzen. Ich möchte diese Aspekte keineswegs verleugnen

– sie sind ohne Frage wichtig –, jedoch will ich betonen, dass Schulentwicklung an dem Punkt beginnt, an dem die Verantwortlichen Verantwortung für sich und die Qualität des Miteinanders übernehmen. Ich hoffe inständig, dass der Tag kommen wird, da Lehrer und Schulleiter sagen können: »Es ist uns nicht gelungen, mit dem Schüler einen guten Kontakt aufzubauen. Wir müssen uns fragen, was die Krise des Schülers mit uns und unserem Einfluss zu tun haben könnte. Welche Botschaft verbirgt sich hinter dem Symptom?«

In der Traditionsschule gilt das Gesetz der Normalität. »Unnormale« Kinder und Jugendliche müssen möglichst geräuscharm normalisiert werden. Etliche »unnormale« Heranwachsende geraten in die Fänge übergriffiger (und hoch motivierter) Lehrer, die aufgrund ihrer eigenen Entfremdungsgeschichte nicht wissen und spüren, dass ihr Tun das Potential hat, junge Menschen ins Gefühlschaos zu stürzen beziehungsweise in die Gefühlsarmut zu treiben. Für viele Pädagogen ist es schlicht und ergreifend normal, Gefühle auszuschalten und abzuwerten. In sich und in ihren Schülern.

Wenn ich auf Lehrer treffe, aus denen Sätze strömen wie zum Beispiel »Du spielst doch bloß Theater!« oder »Du musst doch keine Angst vor der Klassenarbeit haben! Schließlich hast du doch geübt, oder?« oder »Du hast Angst vor der Klassenfahrt? Dafür gibt es doch gar keinen Grund! Nun stell dich mal nicht so an!« oder »Sei ein Mann!« oder »Liebe Eltern, Sie müssen keine Angst haben. Ihre Kinder müssen da durch!«, zucke ich zusammen. Wahrscheinlich zucke ich auch deswegen zusammen, weil ich selbst weiß, wie beängstigend und ungeheuerlich Angst werden kann, wenn sie nicht da sein darf, reglementiert, verdrängt und bekämpft wird.

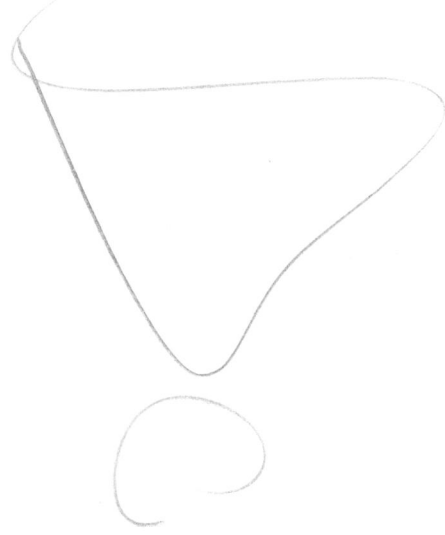

»Hier bist du Mensch, hier darfst du sein ...« – Unterstützung durch Schulleiter

In unseren Schulen arbeiten natürlich auch Lehrer, die den Kontakt zu sich und ihren natürlichen Gefühlen wahren konnten. Authentische Menschen, die offen und ehrlich sagen können: »Ich habe Angst davor, am Montag in die sechste Klasse zu gehen!« Diese Menschen sind oftmals in der Lage, sich empathisch einzustimmen auf sich und auf die Erlebniswelt ihrer Schüler. Gleichwohl stehen sie mitunter vor einer ganz besonders heiklen Herausforderung. In einem von Angst ausgereizten System, welches von Lehrern verlangt, »nicht zu weich« zu sein, machen sie häufig die beängstigende Erfahrung, mit ihren Ängsten und ihrem »empathischen Stress« entweder allein zu sein oder auf Vertreter der ganz alten Schule zu treffen. Ihnen ergeht es ähnlich wie Björn mit dem Schwimmunterricht: Sie haben Angst vor dem Ertrinken, fürchten sich davor, ins kalte Wasser geworfen zu werden, und bräuchten dringend Unterstützung. Bedauerlicherweise bekommen sie gehäuft eine Hilfe, die, obwohl sie freundlich wirkt, nicht wirklich hilfreich ist. Ohne Frage können sich Lehrer an Kollegen und Schulleiter wenden. Neunundneunzig Prozent aller Schulleiter bieten ihren Lehrern Unterstützung an. Gerade jungen Kollegen sagen sie: »Wenn Sie ein Problem haben, können Sie immer zu mir kommen.« Hört sich doch gut an. Nach meiner Erfahrung werden verängstigte, gestresste, nach Luft schnappende

Lehrer jedoch allzu oft mit furchterregenden Aussagen und bedrückenden »Hilfsangeboten« konfrontiert. Sie hören Antreiber-Sätze wie zum Beispiel:

»Sie dürfen die Dinge nicht zu sehr an sich heranlassen!«

»Sie müssen härter durchgreifen!«

»Das wird schon ...«

»Sie müssen über den Dingen stehen!«

»Nehmen Sie es nicht persönlich!«

»Sie dürfen sich nicht die Butter vom Brot nehmen lassen!«

»Ich weiß ja nicht, was Sie im Studium gelernt haben, aber das, was Sie hier erleben, ist die Realität!«

»Seien Sie nicht zu nett!«

»Sie dürfen keine Schwächen zeigen, keine Angriffsfläche bieten!«

»Sie müssen Schülern und Eltern zeigen, wer das Sagen hat!«

»Sie müssen in Ihrer Klasse die Rädelsführer ausfindig machen und zurechtweisen.« »Starten Sie ein Exempel. Dann herrscht Ruhe.«

»Ihre Schüler dürfen nicht merken, dass Sie Angst haben!«

»Erhöhen Sie den Druck! Ich zeige Ihnen ein paar Methoden.«

»Konzentrieren Sie sich auf Ihre Aufgaben. Sie müssen den Lehrplan schaffen!«

»Sie dürfen sich nicht alles so zu Herzen nehmen!«

Wie könnte die Hilfe durch einen Schulleiter stattdessen aussehen? Anbieten will ich an dieser Stelle eine Führungsqualität, die ich als Lehrer selbst erlebt habe und die mir dabei geholfen hat, in schwierigen Zeiten Ruhe zu bewahren, bei mir zu bleiben beziehungsweise wieder bei mir anzukommen. Ich glaube, dass sich ein guter Schulleiter unter anderem dadurch auszeichnet, dass er sich seinen Kollegen als empathischer Dialogpartner anbietet. Er ermutigt und lädt ein, nach innen zu gehen. Er begrüßt Kollegen, besonders jene, die »außer sich« sind, mit dem Satz beziehungsweise mit der Haltung:

»Hier bist du Mensch, hier darfst du sein.«

Indem ein Schulleiter empathisch zuhört, lädt er seine Mitarbeiter ein, inneren Spuren zu folgen. Er ermutigt, das wahr- und anzunehmen, was angenommen werden will. Er fragt »Wie geht es dir, und was brauchst du?«, anstatt zu sagen »Dir geht es schlecht und du brauchst ...!«

Wenn wir in jungen Jahren gelernt haben, uns zu verteidigen, zu verleugnen oder auch ins »rechte Bild« zu rücken, leben wir heute sehr wahrscheinlich in einer Welt voller Alarmglocken und Misstrauensbeweise. Unsere Amygdala wird ständig die Botschaft versenden: »Vorsicht! Gefahr im Verzug!« Gereiztheit, Nervosität, körperliche Beschwerden, sinnloses Gedankenkreisen, Unkonzentriertheit, Hektik, Stress, innere Zerrissenheit, Antriebslosigkeit und Schlafprobleme sind nur einige Folgeerscheinungen chronischer Angstzustände. Nicht wenige Kollegen erzählten mir, dass sie des Nachts immer Zettel und Stift bereithielten, um gegebenenfalls zu notieren, was sie noch zu klären hatten. Sie fürchteten sich davor, Wichtiges zu vergessen und für Unzulänglichkeiten belangt zu werden. Permanent überschritten sie eigene Grenzen beziehungsweise die ihrer Schüler, um an sie herangetragene oder verinnerlichte Erwartungen zu erfüllen.

Für unser Gehirn ist das wahr, was es für wahr hält. Wir konstruieren Realitäten immer auch fernab unserer Fähigkeit, vernünftig und differenziert nachzudenken. Wir setzen uns in der Regel nicht hin und nehmen uns bewusst vor, neue Realitäten zu konstruieren. Wir schaffen Realitäten insbesondere vor dem Hintergrund unbewusst und unwillkürlich ablaufender »Scanvorgänge« und auf Grundlage der Erfahrungen, die wir in der Vergangenheit gemacht haben. Wir kooperieren immerwährend mit unseren Realitätskonstruktionen. Für Lehrer, die in Angst-Gewohnheitsrealitäten leben, lautet ein zentraler Anpassungsgedanke: »Angriff ist die beste Verteidigung!«

Und wenn dann noch Schulleiter auf die Bildfläche treten, die meinen, Lehrer darin ermutigen zu müssen, zum Angriff zu blasen, ist es nur nachvollziehbar, wenn sie an den ganz alten Waffenschrank gehen.

Wenn der Gaul mit mir durchgeht

Ich weiß nicht, wie oft ich in meinem Leben gehört habe, ich sei überempfindlich und solle mir nicht alles so zu Herzen nehmen. Schon in jungen Jahren erlebte ich eine erhebliche Diskrepanz zwischen dem, was ich fühlte und dem, was ich fühlen durfte. Wie alle Kinder war auch ich darauf angewiesen, Erwachsenen und deren Wahrheiten zu vertrauen. Die würden schon wissen, was stimmt und was nicht. Heute habe ich da meine Zweifel. In jungen Jahren jedoch leitete ich ein Paradoxon ab, das bis ins Erwachsenenalter mein Leben bestimmte: »Das, was für mich stimmt, bestimmen andere.«

In der Folge verbannte ich vieles von dem, was laut derer, die die Definitionsmacht hatten, nicht gefühlt und gedacht werden durfte, ins Exil. Ich hörte überwiegend auf andere und stimmte mich ein auf die Vorgaben personifizierter Stimmgeräte. Während ich mich in Gehorsamkeit gegenüber Autoritäten übte, wurde ich mir gegenüber ungehorsam. Ich entzog Gefühlen wie Trauer oder Aggression die Existenzberechtigung. Natürlich litt mein Selbstwertgefühl, und in der Rückschau denke ich manchmal, dass meinem insgesamt schwachen Selbstwertgefühl ein sehr robustes »Fremdwertgefühl« gegenüberstand (»Wie bewerten mich andere? Was wissen andere über mich und darüber, wie ich nach ihrer Ansicht zu sein habe? Wie stehen sie kognitiv und emotional dazu?«). Andere entschieden über meinen Wert und darüber, welche Bedingungen zu erfüllen seien, um wertvoll und stimmig zu sein. Im Regelfall traf ich gar den »richtigen« Ton, und besonders in jungen Jahren wurde mir bisweilen nachgesagt, ich sei eine »Stimmungskanone«. Ich setzte alles daran, mich beliebt zu machen und unterdrückte diejenigen Gefühle, die schlechte Stimmung verbreiten und mich auf der Beliebtheitsskala auf die hinteren Plätze katapultieren würden. Irgendwann aber – inzwischen war ich Lehrer geworden – begann das, was ich mittels Muskelkraft unterdrückt und zurückgehalten hatte, um seine Stimmberechtigung zu kämpfen. Gut so. In gewisser Weise halfen mir meine Schüler dabei. Nicht etwa, indem sie Klangschalen süße Töne entlockten. Nein, indem sie meine wunden Punkte trafen und meine mir bis dahin völlig unklaren Grenzen überschritten. Eines Tages schließlich landeten sie einen Volltreffer und der ehemals smarte Herr Reinke fuhr komplett aus der Haut ...

Jeder Mensch erlebt Wut anders, gleichwohl folgen Wutausbrüche einem ziemlich verlässlichen Muster. Ein Impuls, zumeist ein äußerer Reiz, wird über den Körper (Augen, Ohren, Nase ...) wahrgenommen, erreicht das Kampf-Flucht-Erstarr-System des Hirnstamms, erfährt im limbischen System eine Erstbewertung in »gut für mich?« oder »schlecht für mich?«, läuft blitzschnell und unbemerkt durch die Filter vergangener Erfahrungen und mündet in Gedanken, die nicht unweigerlich als bewusste Gedanken gedacht werden. In Sekundenschnelle ist der Körper bereit zum Gegenangriff. Viele Menschen berichten nach Tobsuchtsanfällen davon, dass sie sich wie fremdgesteuert vorgekommen seien, so als ob ein anderer das Zepter in der Hand genommen hätte. Manche sagen auch, sie hätten komplett den Verstand verloren. In gewisser Weise trifft diese Aussage den Punkt. Wenn wir auf dem »unteren Weg« unterwegs sind, geschieht all das, was sich zwischen Auslöser und Wutausbruch abspielt, reflexartig und lange, bevor der für Impulskontrolle, Handlungssteuerung und intelligentes Problemlösen zuständige Kortex aktiv geworden ist.[8]

Ich weiß ehrlicherweise nicht mehr, um was es in besagter Situation konkret ging und wie meine Schüler den Treffer setzten. Es gab irgendeinen Auslöser, einen letzten berühmten Tropfen, der mein Fass zum Überlaufen brachte. In der Tradition der rollenbedingten Lehrerautorität, also jener Autorität, die sich nichts gefallen lassen darf und hart durchgreift, schoss ich mich reflexartig auf die ein, die mich nach meinem Verständnis zur Weißglut gebracht hatten. Ich war außer mir. Mein Herz raste. Meine Hände verkrampften. Ich lief rot an. Vor Wut schnaubend schmiss ich die Klassenzimmertür zu. So heftig, dass im Mauerwerk Risse entstanden. Anschließend schmetterte ich laut brüllend einen Stuhl zu Boden und schlug mit der Faust auf den Tisch. Begleitet wurde mein Anfall von wüsten Beschimpfungen. Glücklicherweise vergriff ich mich nicht an meinen Schülern.

---

8 Daniel J. Siegel und Mary Hartzell beschreiben wunderbar, wie es möglich werden kann, in herausfordernden Phasen zurück auf den »oberen Weg« zu gelangen. Nachzulesen in: Siegel, Daniel J. und Hartzell, Mary: *Gemeinsam leben, gemeinsam wachsen. Wie wir uns selbst besser verstehen und unsere Kinder einfühlsam ins Leben begleiten können.*

Zumindest nicht physisch.

Ich bin auf diese und auf etliche andere Reaktionen ganz gewiss nicht stolz. Aber so kann's uns Lehrern gehen, und ich würde mich eingedenk meiner Schulgeschichten niemals irgendwo hinstellen und Richtersprüche erlassen. Ich spare ganz gewiss nicht mit Kritik. Das weiß ich. Allerdings richtet sich diese nie gegen Menschen, sondern ausschließlich gegen bestimmte Verhaltensweisen. Viele großartige Menschen sind Lehrer geworden mit einem Sack voller destruktiver Glaubenssätze und Reiz-Reaktions-Muster. Sowohl an staatlichen Schulen als auch an Schulen in freier Trägerschaft durfte ich phantastische Menschen kennenlernen. Menschen, die außerhalb von Klassenräumen »menschelten«, dann aber, sobald der Unterricht begann, wieder in ihr starres Lehrerkostüm schlüpften. Man mag es vielleicht kaum glauben, aber wenn Pädagogen zu Kollegiumsfeiern zusammenkommen, kann es so irre werden, dass Restaurantbesitzer oder Herbergsväter aufgrund von Ruhestörungen mit Rausschmiss drohen. Plötzlich tanzen jene, die in der Schule für »klare Ansagen« stehen und zum x-ten Mal den Maßnahmenkatalog aktualisieren wollen, auf Tischen und lassen raus, was von Montag bis Freitag zurückgehalten und sanktioniert wird.

Wir Lehrer sind Menschen. Ich kann das gar nicht genug betonen. Das Gefühl Wut gehört zu uns, und es sollte nicht das Lehrplanziel für Lehrer ausgerufen werden, im Beisein junger Menschen nie wieder wütend werden zu wollen. Ungeachtet der Tatsache, dass uns das ohnehin nicht gelingen würde, bin ich der

Meinung, dass uns unsere Schüler durchaus wütend erleben dürfen und müssen. Unter anderem von uns lernen sie, mit ihrer Wut umzugehen. Erstaunt fragte ich vor einiger Zeit einen befreundeten Kollegen, warum er, der sich seit Jahren mit der gewaltfreien Kommunikation beschäftigte, im Beisein seiner Schüler so laut geworden war. Er lächelte mich freundlich an und sagte: »Ich war wütend und das war ein Giraffenschrei.«[9]

Ich erinnere mich auch an eine Begegnung mit einer Universitätsprofessorin im Rahmen einer Veranstaltung zum Thema »Gleichwürdige Beziehungen in der universitären Ausbildung«. Ich fragte die Seminarteilnehmer, wie sie im professionellen Wirken mit dem Gefühl Wut umgingen. Die erwähnte Professorin skizzierte eine Situation mit Studenten, die sie, so ihre Wortwahl, »auf die Palme« gebracht hätten. »Aber«, so schlussfolgerte sie, »ich kann doch in Anwesenheit meiner Studenten nicht wütend werden. Ich bin die Professionelle und muss mich im Griff haben«. Ich fragte zurück: »Wie kommst du darauf?«

Persönliche und von Wut gekennzeichnete Ich-Botschaften zeigen unseren Schülern (und Studenten), dass es uns als Menschen gibt. Und das ist etwas, was sie ganz dringend brauchen: Echte Menschen. Und gleichzeitig will ich drei Dinge betonen.

1. Wir Lehrer dürfen wütend sein. Allerdings geht

---

9 In der gewaltfreien Kommunikation steht die Giraffe als Symbol für Weitsicht und Herzlichkeit.

damit nicht die Erlaubnis einher, die Verantwortung für unsere Wut an Schüler abzutreten. Es ist und bleibt unsere Wut!

2. Der Wert Authentizität ist kein Erlaubnisschein für Grenzüberschreitungen!

3. Es ist als Lehrer nicht notwendig, sich nach jeder kleinsten Gefühlsregung zu erklären. Es kommt vor, dass auch wir emotional werden. So ist das. Wir sollten allerdings dann unser Bedauern zum Ausdruck bringen, wenn wir in unserer Wut Grenzen überschritten haben. Dann können wir zu unseren Schülern sagen:»Es tut mir leid, was ich gestern gesagt habe.« Ich rate indessen ab von Entschuldigungen. Unsere Schüler sind nicht zuständig für unsere Schuldgefühle.

In den letzten Jahren habe ich mir einige Leitfragen und Grundsätze erarbeitet, die mir helfen können, meinen Selbstwert als Mensch im professionellen Wirken zu stärken. Insbesondere in Phasen, in denen der Gaul mit mir durchzugehen droht oder durchgegangen ist, frage ich:

»Wie und wo kann ich spüren, dass Wut (Angst, Trauer ...) in mir hochkommt?«

»Warum konnte mein Fass überhaupt so voll werden, und was ist da eigentlich drin?«

»Wie kann ich zukünftig dafür sorgen, dass mein Fass gar nicht erst voll wird?«

»Was kann ich konkret tun, wenn ich auf hundertachtzig bin?«

»Welche wunden Punkte werden in mir aktiviert, wenn sich Menschen (Schüler, Eltern, Kollegen ...) in einer bestimmten Art und Weise verhalten?« (Je heftiger die Reaktion, desto unbehandelter die Wunde ...)

»Niemand kann mich wütend machen. Es ist meine Wut, sie entsteht in mir. Ich übernehme die volle Verantwortung für meine Gefühle, meine Gedanken, meine Grenzen, meine Handlungen, meine Werte, meine Bedürfnisse, meine Würde.«

Ich habe im Laufe der Zeit festgestellt, dass ich gehäuft dann zum Wutausbruch neige, wenn in mir der Eindruck entsteht, abgelehnt und kritisiert zu werden. Plötzlich werde ich von nicht bewusst erinnerten Erinnerungen überwältigt, und eine alte Angst macht sich breit: Die Angst davor, nicht zu genügen, nicht lieb und damit nicht liebenswert zu sein. Mit Hilfe von Meditationen und Achtsamkeitsübungen gelingt es mir heute deutlich besser, den Kontakt zu mir und meiner Innenwelt zu halten. Nur wenn ich innere Prozesse beobachten, integrieren und erwachsen verantworten kann, kann ich »für andere« da sein, ohne mich beliebt machen oder »ein anderer« werden zu müssen. Es ist geradezu unmöglich, sich und seine Integrität souverän zu verantworten, wenn man im Alltagstrubel einfach »irgendetwas« spürt, von Reflexen überwältigt wird und andere Menschen aus Gewohnheit schuldig spricht. Ich halte es als Lehrer für absolut notwendig, sich mit sich selbst (beziehungsweise mit seiner Vorstellung von sich selbst) bekannt zu machen. Und das geht nach meiner Erfahrung nicht ausschließlich über Denkprozesse und die Lektüre von Büchern. Mir helfen bisweilen Atemübungen (und das dazugehörige Training), um in herausfordernden Momenten destruktive Automatismen zumindest zu erkennen und zu entschleunigen. Sobald ich auch nur einen Schritt vom inneren Gefühlsvulkan zurücktreten kann, verändern sich meine Perspektive und damit mein innerer Aggregatzustand.[10]

10 Einige Medienempfehlungen: Jensen, Helle: Hellwach und ganz bei sich. Achtsamkeit und Empathie in der Schule; Kabat-Zinn, Jon: Gesund durch Meditation. Das große Buch der Selbstheilung; Juul, Jesper; Jensen, Helle; Bertelsen, Jes: Ruhe und Präsenz in der Schule. Hilfe im Schulalltag für Fachleute und Eltern (DVD); Juul, Jesper; Jensen, Helle: Die 9. Intelligenz – die Intelligenz des Herzens (DVD); Siegel, Daniel J.: Mindsight – Die neue Wissenschaft der persönlichen Transformation (siehe hier u. a.: »Das Rad des Bewusstseins«, S.131ff.).

Kooperationsleistungen

Mitunter stelle ich mir unsere Gesellschaft als komplexes Nervensystem vor, das von der Grundausstattung dem eines einzelnen Menschen ähnelt. Nehmen wir einfach mal an, es gäbe eine Art gesellschaftliches »Gesamthirn« und wir könnten mit Hilfe eines phänomenal großen Magnetresonanztomographen aufzeichnen, welche Neuronen beziehungsweise Neuronencluster aktiv sind. Mit hoher Wahrscheinlichkeit müssten wir zur Kenntnis nehmen, dass unsere »Groß-Amygdala« ständig aktiv ist und pausenlos Signale zur Aktivierung unserer Notfallprogramme aussendet. Meine These: Wir führen alle miteinander ein Gesellschafts(über)leben voller Ängste und bedienen ein System, das von Ängsten zusammengehalten wird. Was die ganze Angelegenheit besonders »delikat« macht, ist der Umstand, dass wir uns unserer Angstproblematik größtenteils nicht bewusst sind und nicht bewusst werden wollen. Viele von uns schauen sich erst dann ihre Ängste an, wenn sie in tiefen Krisen stecken und keine andere Wahl mehr haben, als nach innen zu gehen. Wir ängstigen uns davor, uns mit unseren Ängsten auseinanderzusetzen. Unterschwellig spüren wir, dass sie uns zu denen gemacht haben, die wir glauben zu sein. Sie sind identitätsstiftend, normal und auch deswegen größtenteils unauffällig. Ohne es bewusst zu bemerken, dominieren Ängste unser Denken und Handeln. Auch in Bezug auf Schule. Jeden Tag wird debattiert über Methoden, Reformen, Strukturen und die, die »es« endlich verstehen müssen. Mich würde wirklich interessieren,

ob in all den Gesprächen auch über das Phänomen
Angst geredet wird. Vermutlich nicht. Steht nicht im
Jahresplan.

Unser Schulsystem – als Abbild unserer Gesellschaft – ist nach meiner Überzeugung ein insgesamt
bedrohlich wirkendes, verängstigendes und symp-
tomaufrechterhaltendes System. Es wird abseits aller
wohlklingenden Lippenbekenntnisse und fortschrittlich klingenden Konzepte von beziehungsverhindern-
den Strukturen, starken Beharrungskräften und der
Idee des vorauseilenden Gehorsams zusammengehalten. Es fördert Integritätsverletzungen und dient
noch immer, obwohl unsere Schulen vielerorts einen
modernen Anstrich verliehen bekommen haben, dem
Ziel, Menschen an ein starres System anzupassen. Die
subjektive Erfahrung der meisten »Betroffenen«, dem
Schulsystem ohnmächtig ausgeliefert zu sein, ist aus
meiner Sicht nachvollziehbar, aber auch Ausdruck einer Erziehung zur Ohnmacht. Ich bin der Meinung,
dass wir unser Schulsystem erst und ausschließlich
dann verändern können, wenn speziell wir Lehrer anerkennen, dass wir dieses Schulsystem (mit) zu verantworten haben. Wir machen mit, wir gestalten mit,
wir laufen mit. Wir dürfen uns öffnen für den Gedanken, dass unser Schulsystem nur in Wechselwirkung
mit unseren Ängsten, unseren unterdrückten Kleinheitsgefühlen und unserem anerzogenen Hang zum
(vorauseilenden) Gehorsam Wurzeln schlagen konnte und kann. Es ist UNSER ALLER Schulsystem und
nicht das Konstrukt irgendeines Geheimbundes.

Ich bin davon überzeugt, dass unzählige Lehrer in

von Ängsten geprägten Gewohnheitsrealitäten leben und arbeiten. Hier kennen sie sich aus, »so« muss es nach ihrer Meinung sein. Sie empfangen im »Angstsystem Schule« nicht nur angstauslösende Impulse, die verdrängte, schmerzhafte Erinnerungen hervorrufen. Auf Grundlage dessen, was sie kennen und für normal befinden, setzen sie selbst beängstigende Reize. Mit diesen wiederum kooperieren Schüler und Eltern. Sie kooperieren bisweilen sehr unterschiedlich und subtil, und so mancher Leser mag sich fragen, inwieweit man von einer Kooperationsleistung sprechen kann, wenn sich Schüler und Eltern gegen die grenzüberschreitenden, schmerzhaften und beängstigenden Maßnahmen und Zuschreibungen eines Lehrers zur Wehr setzen. Kooperation, so die allgemeine Überzeugung, müsste doch eigentlich bedeuten, dass Schüler und Eltern klaglos abnicken, was der Lehrer sagt und verlangt. Hier müssen wir wissen, dass es grundsätzlich zwei Kooperationsformen gibt: die direkte und die indirekte (oder auch spiegelverkehrte) Kooperation. Unangepasstes Verhalten ist durchaus eine Form von Kooperation, wird allerdings in der pädagogischen Welt für gewöhnlich nicht als Kooperation, sondern als unkooperatives und unsoziales Verhalten gedeutet. Auch Schüler, die Gegenwehr leisten, kooperieren. Sie halten sich zwar nicht unbedingt an die ausgesprochenen Spielregeln des Lehrers, aber sie kooperieren mit den unausgesprochenen Spielregeln des Vorbilds. Die unausgesprochenen Spielregeln mancher Lehrer – und damit meine ich jene Regeln, die nicht als Klassenregeln veröffentlicht werden, sondern wie ein Dauerrauschen das Miteinander bestimmen – lauten: »Ich darf mich über die Grenzen

meiner Schüler (und ihrer Eltern) hinwegsetzen! Um meine Position(en) und Macht zu festigen, darf und muss ich jene, die mich und meine Position(en) in Frage stellen, zurechtweisen, bloßstellen, verängstigen.«

Für mich ist jedes Verhalten kooperativ, sozial und sinnvoll – im Kontext der Beziehungen. Um ein Verhalten nachvollziehen zu können – hundertprozentig verstehen werden wir ein Verhalten nie –, muss es gesehen werden im Lichte der Sozialkontakte. Vor allem Lehrer, die der Meinung sind, dass das Verhalten ihrer Schüler nichts mit ihnen und ihren Einflüssen zu tun hat, könnte die beschriebene Perspektive anfangs irritieren (und verängstigen). Sie müssten sich vielleicht zum ersten Mal in ihrem Lehrerdasein mit dem Gedanken konfrontieren, dass es für Lehrer so etwas geben könnte wie einen subjektiven Faktor: »Die Verhaltensweisen (die Krisen, Symptome) meiner Schüler haben möglicherweise auch etwas mit mir und meinem Wirken zu tun.« Und ich will es gerne deutlich hervorheben: Mir geht es an dieser Stelle überhaupt nicht um die Beantwortung irgendeiner Schuldfrage. Wir haben an unseren Schulen viel zu lange und viel zu intensiv Schuld verteilt. Mir ist wichtig, dass wir Lehrer uns mit dem Gedanken anfreunden, dass wir keine Außenstehenden sind, sondern aktive Mitspieler. Wir sind Teile des Systems, in dem junge Menschen leben. Ich selbst gehe nicht mehr von einer direkten ODER indirekten Kooperation aus, sondern immer von einer dynamischen und wechselseitigen Kooperation, die stets direkt UND indirekt ist. Nach meinem Verständnis findet Kooperation niemals starr und im Sinne eines linear-kausalen Ursache-Wirkungs-Prozesses statt. Als Lehrer haben alle meine bewussten und unbewussten Handlungen, Werte und Prägungen (unvorhersehbare) Auswirkungen auf die Beziehungen zu den Menschen in meinem Umfeld. Wenn ich als Lehrer in eine Klasse gehe und insgeheim denke, dass ich alsbald der »unmöglichen Klasse« gegenüberstehe, werden sich meine Schüler zu meiner Einstellung verhalten. Egal, ob ich ihnen meine Einstellung verbal mitgeteilt habe oder nicht. Schüler spüren sehr genau, wie ich »drauf« bin. Erfahrungsgemäß werden einige Schüler meine Erwartungen erfüllen und sich »unmöglich« benehmen, während andere Schüler bewusst oder unbewusst versuchen werden, mich vom Gegenteil zu überzeugen. Fakt ist: ALLE Schüler verhalten sich zu mir und meinen inneren Einstellungen. Sie kooperieren.

Schüler kooperieren mit Lehrern. Lehrer kooperieren mit Schülern. Da Schüler auch Kinder von Eltern sind, kooperieren sie, während sie mit Lehrern kooperieren, mit dem, was sie von ihren Eltern vorgelebt bekommen (haben). Nicht zu vergessen: Schüler kooperieren miteinander, was sich wiederum darauf auswirkt, wie einzelne Schüler mit Lehrern (und umgekehrt) kooperieren. Lehrer kooperieren mit den Vorgaben und Haltungen ihrer Schulleiter, was natürlich Einfluss hat auf …

Eine Endlosschleife. Wenn ich in meinen Seminaren die Teilnehmer darum bitte, das Beziehungsgeflecht beziehungsweise das lernende Dreieck einer Schulklasse (Lehrer, Schüler, Eltern) mit Seilen zu visualisieren, wird allen klar, dass sich Menschen ständig gegenseitig beeinflussen. Und wer ein einziges Mal versucht hat, etwas anspruchsvollere Kopfrechenaufgaben zu lösen, während Menschen (mit einem Seil) an einem herumzerren, als befände man sich in einer Zirkusmanege, spürt, dass Lernen und Beziehungen zwei Seiten einer Medaille sind. Schon relativ einfache Aufgaben können zur großen Herausforderung werden, wenn man einen Großteil seiner Energie darauf verwenden muss, sich zu verteidigen. Das Prinzip der gegenseitigen Wechselwirkung mag kompliziert wirken, ist nach meiner Einschätzung gerade für uns Lehrer aber ein wunderbarer Ansatzpunkt, um anders über uns, unsere Schüler (deren Eltern) und die Frage des schulischen Miteinanders nachzudenken. Wir können gewiss nicht die ganze Schulwelt aus den Angeln heben. Das heißt aber nicht, dass wir wirkungslos sind beziehungsweise keinen aktiven Einfluss darauf nehmen können, wie es um die Qualität des Miteinanders bestellt ist. Wenn wir uns bewegen, können sich unsere Mitmenschen nicht nicht bewegen. Die Erwartungshaltung, dass sich einzig andere oder Rahmenbedingungen verändern müssen, damit wir Lehrer unserer Arbeit sinnvoll nachkommen können, führt in die Abhängigkeit. Wir dürfen uns bewusst machen, dass Schulentwicklung zunächst einmal wenig mit »den anderen«, mit Äußerlichkeiten, mit Strukturen, mit Unterrichtskonzepten zu tun hat. Schulentwicklung beginnt bei und in uns. Gerade wir Lehrer als diejenigen, die die prozessuale Macht innehaben, müssen damit aufhören, uns und andere an den Pranger zu stellen, und stattdessen Verantwortung übernehmen für die immer stattfindenden Wechselwirkungsprozesse. Nicht mehr »Wer hat Schuld?«, sondern »Ich bin Kooperationspartner, Wirkfaktor und Vorbild. Dafür übernehme ich die volle Verantwortung!«

Ich treffe gehäuft auf Kinder und Jugendliche, die in Konfliktsituationen reflexartig mit dem Finger auf andere zeigen. »Der hat angefangen!«, heißt es dann. Ich denke, wir sollten solche und andere Tendenzen beziehungsweise Symptome zum Anlass nehmen, sehr kritisch über das nachzudenken, was wir jungen Menschen vorleben, anstatt über die Notwendigkeit besonders wirksamer Erziehungs- und Fördermaßnahmen zu diskutieren. Dieses Gerede über »ungehorsame«, »trotzige«, »unerreichbare«, »tyrannische« oder »pubertierende« Kinder/Jugendliche ist an Verantwortungslosigkeit kaum zu überbieten und bereitet mir wirklich Sorgen.

»Ja, aber die Eltern ...!«

Genau das meine ich!

Was lernen Schüler von Lehrern, die ihre Professionalität unter Beweis stellen müssen, indem sie Schüler oder Eltern auf die Anklagebank setzen? Sie lernen, andere zu beschuldigen. Sie lernen Sätze wie zum Beispiel: »Ja, aber der hat angefangen!«

Unsere geläufige Schulpädagogik ist zumindest unterschwellig von der Idee durchsetzt, Kinder und Jugendliche kooperativ machen zu müssen, da sie sich sonst zu egozentrischen und gefährlichen Ich-Imperien entwickeln könnten. Das halte ich allein deswegen für einen Trugschluss, weil Kinder und Jugendliche von Geburt an kooperieren. Immer! Zur Gefahr (für sich selbst und andere) können junge Menschen dann werden, wenn sie destruktive Muster kopieren, zu lange überkooperieren, das Eigene unterdrücken müssen, um in den Augen derer »richtig« zu sein, die aus Angst vor Unruhen grenzverletzende Grenzen setzen. Das durch Unterdrückung erlittene Leid vieler Schüler zeigt sich sehr oft in »Stellvertreter-Konflikten« inner- und außerhalb unserer Schulen. Sich direkt mit integritätsverletzenden Machthabern zu duellieren, würde möglicherweise bedeuten, den letzten Rest Integrität zu riskieren. Lehrer, die ihre Macht offen oder verdeckt missbrauchen, sitzen zunächst einmal am längeren Hebel. Die Wut unterdrückter junger Menschen entlädt sich zumeist entweder im Außen – und zwar in Kontexten, in denen Macht scheinbar zurückerobert werden kann (als Stichpunkte seien hier genannt: Mobbing, »Ballerspiele«, Pausenhof, Auseinandersetzung mit »zu weichen« Lehrern, mit jüngeren Geschwistern, mit Eltern) – oder aber im Innen, was nicht weniger destruktiv ist, jedoch gewisse »Vorteile« birgt. Leise und unauffällige Symptomträger werden weitestgehend in Ruhe gelassen, denn leise und unauffällige Schüler passen wunderbar in das Konzept Schule.

Die meisten Schüler und Eltern passen sich entsprechend ihrer Konditionierungen an. Sie sind gehorsam, weil sie zum Gehorsam erzogen wurden. Sie machen mit, weil sie gelernt haben, sich aus Angst vor Strafen unterzuordnen. Sie passen sich an, weil sie das, was seitens der Lehrer getan und in Auftrag gegeben wird, automatisch und gemäß ihrer Konditionierungen für richtig erachten. Wenn Lehrer und Eltern der Überzeugung sind, dass Kinder und Jugendliche Druck, Grenzen und Konsequenzen brauchen, spielen sie für gewöhnlich in einer Liga. Da sie wahrscheinlich aus ähnlichen Wertesystemen stammen und vergleichbare Überzeugungen vertreten, harmonieren sie in der Regel sehr gut miteinander. Sie werden sich einig darüber sein, dass Heranwachsende gehorchen müssen. Leidtragende sind in solchen Konstellationen Kinder und Jugendliche. Sie haben keine andere Chance, als zu funktionieren. Also funktionieren sie. Dass es gegenwärtig zigtausend »braven« Kindern und Jugendlichen richtig schlecht geht, kommt eher selten zur Sprache. Denn solange sie stillhalten, stillsitzen und erwartete Leistungen bringen, scheint es keinen Anlass zur Sorge zu geben.

Doch, es gibt Anlass zur Sorge. Wir haben ja nicht den Hauch einer Ahnung, wie viele explosions- und implosionsgefährdete und verängstigte Menschen unsere Schulen bevölkern.

Manche Kinder funktionieren, bis sie dreizehn, vierzehn Jahre alt werden und keine Kinder mehr sind. Dann brechen sie aus, streben nach Autonomie und können mit althergebrachten Erziehungsmethoden und pädagogischen Maßnahmen nicht mehr eingefangen und kontrolliert werden. Sie schrecken nicht einmal mehr angesichts anstehender Zeugnisse zusammen. Es ist zu spät. Aber auch für »schwierige« und »unerreichbare« Jugendliche haben wir ja heutzutage eine Diagnose. Sie lautet: »Pubertät«.

Die Wahrscheinlichkeit, dass junge Menschen in einem von Ängsten geprägten Schulsystem auf Dauer angstbesetzte Gewohnheitsrealitäten konstruieren, halte ich für sehr hoch. Und eines Tages fragst du deine Schüler, was sie von dir (dem Lehrer) brauchen. Etliche zur Ängstlichkeit, Gehorsamkeit und Normopathie erzogene junge Menschen werden antworten: »Wir brauchen mehr Druck und klare Ansagen. Sie müssen unbedingt härter durchgreifen. Sie müssen die Schüler bestrafen, die sich nicht an die Regeln halten!« Angst und Gehorsam vertragen sich nicht nur zusammen, Angst und Gehorsam passen als »Gesamtpaket« hervorragend zu einem System, das vorgibt, das Besondere zu fördern, jedoch Homogenität und Anpassung einfordert. Und das hat Tradition.

Zu meiner Schulzeit praktizierte eine Lehrerin das sogenannte »Stopp-Lesen«.

Und was soll ich sagen? Es funktionierte! Es funktionierte, weil es klare Regeln gab und verängstigte Schüler alles daran setzten, die Regeln zu befolgen. Zu groß war die Angst vor übermächtigen Lehrern.

Stopp-Lesen

Ruhe kehrte ein, als die Lehrerin Frau Meier die Schüler der Klasse 3c zum Stopp-Lesen aufrief. Jeder war irgendwann dran, das wussten wir. Vorne links ging es los, und je nachdem, wie sich unsere Widersacher – in Friedenszeiten Klassenkameraden oder gar Freunde genannt – schlagen würden, würden die Nächsten an der Reihe sein. Irgendwo im Klassenraum saß auch ich, nervös abschätzend, wann ich wohl in die fehlerhafte Welt des Lesens herangeführt werden würde.

Das Stopp-Lesen war eine Qual. Nicht nur für die, die noch nicht fließend (laut) lesen konnten, sondern auch für jene, die, obwohl sie laut lesen konnten, darunter litten, sich dem Druck des Klassenkampfes aussetzen zu müssen. Stopp-Lesen bedeutete, dass ein Schüler aus einem Schulbuch vorlas bis zu dem Zeitpunkt, da Mitschüler beziehungsweise Gegenspieler einen Fehler vernahmen und voller Inbrunst auf die Tische klopften. Nicht unerwähnt sollte bleiben, dass es vollkommen unerheblich war, ob der Vorleser das von ihm Vorgetragene verstanden hatte. Nachdem die Klopfgeräusche abgeklungen waren, wurde der nächste Schüler ans Lese-Schafott geführt. Das Geräusch des Klopfens werde ich wohl nie vergessen. Noch heute schäme ich mich dafür, dass ich diesen Irrsinn nicht nur mitmachte. Nein, ich darf zugeben, dass ich mich am Elend der Angezählten, Angeschlagenen, Angetriebenen insgeheim ergötzte.

Angesichts des Umstandes, dass zu meiner Schulzeit noch Disziplin herrschte – eine ziemlich gewagte These, denn Disziplin sollte nicht mit Angst gleichgesetzt werden – und die meisten Kinder im Laufe der Zeit lesen lernten – eine nicht weniger gewagte These –, kann man durchaus der Frage nachgehen, ob dieses Vorgehen nicht auch erfolgreich gewesen war …

Ich muss ungefähr fünfundzwanzig Jahre alt gewesen sein, als ich zum ersten Mal freiwillig ein Buch in die Hand nahm und so etwas wie Lesefreude empfand. Bis dahin war mir die Lektüre von Büchern so sympathisch wie das Bügeln von Hemden. Also kaufte ich mir weder Bücher noch Hemden. Dann aber lag auf dem Küchentisch eines Freundes ein Buch von Charles Bukowski. Ich blätterte herum und innerhalb von Minuten hatte er mich gepackt – der Lesevirus. Bis heute ist er mir ein treuer Wegbegleiter, der mich einlädt, neue Welten zu entdecken. (Hemden besitze ich nach wie vor nicht.)

Viele Menschen werden über Druck, Angst und Scham an das Lesen (und andere Kulturtechniken) herangeführt. Zwar lernen die meisten Kinder und Jugendliche die Technik des Lesens (obwohl die Anzahl derer, die als Erwachsene nicht lesen können, die Frage aufwirft, ob Aufwand und »Ertrag« in einem guten Verhältnis stehen), allerdings machen etliche Menschen nach belastenden Erfahrungen einen riesengroßen Bogen um Buchhandlungen und Büchereien.

Dass es auch anders gehen kann, zeigen unzählige Lehrer jeden Tag …

Freies Lesen und Buchberatungsstelle

Während meiner Zeit an einer weiterführenden Schule kündigte ich zu Beginn eines jeden Schuljahres an, eine freie Lesezeit einzuführen. Meine Unterrichtsvorbereitung bestand in erster Linie darin, mich auf die Lesezeit zu freuen und diese Freude vorzuleben. Am Anfang der ersten Lesezeiten sorgte ich für eine angenehme Atmosphäre, indem ich zum Beispiel leise Musik abspielte, eine Kerze anzündete, etwas vorlas oder bei Gebäck mit Schülern über Bücher sprach. Später gab ich die Gestaltung der Eingangsphase an Schüler ab. Natürlich besonders gerne an solche, die nicht gerne lasen. Und dann wurde gelesen: unter Stühlen, auf Decken, Kissen und Fensterbänken. Ein Schüler machte sich einen riesigen Spaß daraus, an meinem Lehrerpult zu sitzen und mit wichtigem Gesicht in mitgebrachter Fachliteratur zu stöbern. Das Schlürfen des Tees und das Umblättern der Seiten waren die einzig hörbaren Geräusche. Alles durfte gelesen werden: »Harry Potter«, »Die wilden Kerle«, »Gregs Tagebuch«, »Das Tagebuch der Anne Frank«. Nichts musste in Form eines lästigen Lesetagebuches aufgearbeitet werden. Ängstlich schauten mich anfangs einige Jungen an, da sie ihre Lesezeit mit Sportzeitschriften verbringen wollten. Nachdem ich sie darum gebeten hatte, mir die Zeitschriften später mal auszuleihen, entspannten sich ihre Gesichtszüge. An allen Enden wurde »getrickst«: »Andreas, Yu-Gi-Oh-Karten muss man doch auch lesen. Dürfen wir ...?« – »Was ist denn eigentlich mit dem Internet? Darf ich auf die Seite meiner Lieblingsband?« – »Ich muss in Englisch noch einen Text lesen. Wäre es möglich, dass ...?« Mit einem Wort: Luxusprobleme. Auch ich las, was meine Schüler sichtlich beeindruckte. Und wenn mich Schüler etwas fragten, antwortete ich gelegentlich: »Komm bitte in zehn Minuten wieder. Ich will erst dieses Kapitel zu Ende lesen.« Ob freie Lesezeiten von Schülern als sinnvoll erlebt werden und – gemäß des Schulleistungsgedankens – in nachhaltiges Lernen münden, hängt primär davon ab, was ich ihnen wie vorlebe und wie ich mit ihnen in Beziehung trete. Andere Kollegen, die während der Lesezeiten Klassenarbeiten korrigierten oder permanent intervenierten, stellten später ernüchtert fest, dass Lesezeiten nichts brachten und nicht angenommen wurden.

»Und was ist mit den Schülern, die partout nicht lesen wollen?« Was soll mit denen sein? Die lesen nicht. Das ist der Ist-Zustand. Ich als Lehrer kann darüber befinden, ob ich aus diesem Umstand ein Problem mache oder nicht. »Ja, aber der Lehrplan ...!« Ich weiß. Mir waren meine Schüler immer wichtiger als Lehrpläne. Meiner damaligen Schulleiterin übrigens auch. Oft saßen wir am Ende eines Tages in der Teeküche, um uns aufgeregt zu erzählen, was sich wie in der Klasse abgespielt hatte. Wenn du dich als Lehrer zumindest etwas lösen willst vom Lehrplandiktat, brauchst du Klarheit, Unterstützung und Ermutigung. Schnell stehst du auf verlorenem Posten, so ein Schulleiter beziehungsweise eine Schulleiterin unablässig nach dem Leistungsstand der Klasse fragt und Kontrolle ausübt. Auch das habe ich erlebt, und ich weiß sehr genau, unter welchem Druck man als »Lehrer unter Beobachtung« stehen kann und wie schnell man diesen Druck auf seine Schüler überträgt. Damals, während der freien Lesezeiten, erfreute ich mich an meinen Freiheiten und daran, Schüler begleiten zu dürfen, von denen einige nahezu alles taten, um nicht zu lesen: »Buch vergessen!« – »Kopfschmerzen!« – »Ich muss mal auf Toilette!« Manche fassten im Laufe der Zeit Vertrauen und formulierten die aus meiner Sicht so wundervolle Aussage »Ich will nicht lesen!«. (In der Aussage »Ich will nicht ...!« ist so ziemlich alles enthalten ist, was psychosoziale Gesundheit begünstigt: persönliche Verantwortung, persönliche Sprache, Authentizität, stabiles Selbstwertgefühl, Integrität, Vertrauen ... – dazu später mehr.)

Einige Schüler wollten über Wochen nicht lesen. Dann ging ich auf sie zu und fragte sie, ob sie meine Hilfe bräuchten und ob ihnen nicht langweilig sei. Manchmal reichte ein kurzes Gespräch, um Schüler aus einer Art Schreckstarre zu holen. Wir setzten uns in eine ruhige Ecke und erzählten uns von unseren Leseerfahrungen. Gebannt hörten sie mir zu, wenn ich ihnen aus meiner Schulzeit (Stopp-Lesen) berichtete. Nicht alle meine Schüler wurden Leseraben, aber zumindest fanden sie mit meiner Unterstützung einen entspannteren Zugang zum Lesen. Es ist erstaunlich (oder auch nicht), dass hinter einer sogenannten Verweigerung oftmals nichts anderes steckt als Hilflosigkeit, Ohnmacht und Angst. Lehrer können Hilflosigkeit, Ohnmacht und Angst nicht wegmachen. Sie sollten es nicht einmal versuchen! Eine gute Möglichkeit, um auf einen hilflosen, ohnmächtigen, verängstigten Schüler zu- und einzugehen, besteht aus meiner Sicht darin, den gleichwürdigen Dialog zu suchen und anzuerkennen, dass der junge Mensch gerade so ist, wie er ist. In einem zweiminütigen Gespräch können Schüler und Lehrer in einen ersten kurzen Austausch treten und sich für ein nächstes Gespräch verabreden. Allein die Würde des Schülers (und nicht das Lesen an sich) steht an erster Stelle. Beendet der Schüler das Gespräch mit dem Erleben, vom Lehrer »gesehen« worden zu sein – und zwar als Mensch –, ist die wohl wichtigste Basis für ein stabiles Miteinander gelegt: eine Vertrauensbasis.

Nach einiger Zeit kamen Schüler auf mich zu und fragten, ob es möglich sei, zu Beginn von Lesezeiten Bücher vorzustellen. Sie hatten entdeckt, dass das Thema Buchvorstellung lehrplankonform war. Im Klassenraum hatte ich die Lehrplaninhalte für das Fach Deutsch in vereinfachter Sprache veröffentlicht. Die Schüler konnten selbstständig, nach Interessen- und Gemütslage Inhalte auswählen und bearbeiten. Ich schaute die Schüler nachdenklich an und musste innerlich lächeln, schließlich befand ich mich in einer außerordentlich prächtigen Situation: Schüler fragten mich, ob sie zu einem bestimmten Thema arbeiten *durften.* Sie erhielten meine Erlaubnis, und nach ein paar Wochen waren Buchvorstellungen regelmäßig stattfindende Veranstaltungen. Auch die Idee von Isabelle, Jorinde[11] und Mathilde begeisterte mich. Eines Morgens berichteten sie von ihren Eindrücken aus der Lesezeit. Ihnen sei aufgefallen, dass

11 Die Verfasserin der Vorwortes

einige Schüler wahrscheinlich deswegen nicht gerne läsen, weil sie nie das passende Buch fänden. Sie schlugen vor, eine Buchberatungsstelle zu organisieren. Ich erlaubte ihnen, in einem damals ungenutzten Raum ihr Vorhaben vorzubereiten. Am nächsten Schultag hing eine Liste an unserer Pinnwand, in die sich Interessenten für die Buchberatungsstelle eintragen konnten. In der nächsten Lesezeit herrschte helle Aufregung. Alle, auch die nicht beteiligten Schüler, waren gespannt auf das Angebot und wünschten den Mädchen Erfolg. Es wurde ein großer Erfolg. Immer drei bis vier Schüler durften bei Keksen in ausgelegten Büchern lesen und sich kompetent beraten lassen.

»Willst du mit mir gehen?«, fragte die Angst das Lernen

Ich glaubte, wir sollten schulischen Erfolg nicht ausschließlich darüber definieren, ob etwas gekonnt wird oder nicht. Viele junge Menschen sind nach Jahren des Klopfens, des Messens und der Bewertungen des Lernens überdrüssig und befinden ihren Lernweg für beendet. Sie machen Schluss. Sie gehen nicht mehr zusammen. Und das stimmt. Lernen geht mit Angst nicht zusammen. Zumindest nicht auf partnerschaftliche Weise. Wir lernen auch unter Angst, aber abgesehen davon, dass unter Angst nicht unbedingt komplexe Lernleistungen und Begeisterungsstürme zu erwarten sind, müssen wir bedenken, dass die Gefühle, die wir im Zuge von Lernprozessen fühlen, zusammen mit den Lerninhalten abgespeichert werden. Wenn wir davon ausgehen, dass Lernen eine Form von Beziehungsarbeit ist, ein »Sich-in-Beziehung-Setzen«, sollten wir berücksichtigen, dass jede Lernbeziehung eine inhaltliche (das »Was«) und eine prozessuale (das »Wie«) Seite hat. Aus der Kommunikationsforschung wissen wir, dass der Prozess den Inhalt bestimmt. Infolgedessen hängt die Qualität von Lernbeziehungen stark ab vom Grundgefühl desjenigen, der sich einem Lerninhalt zuwendet. Als Frage formuliert: »WIE geht es dem Lernenden, wenn er sich ich auf ein WAS einlässt?« Lernbeziehungen sind zwischenmenschlichen Beziehungen durchaus ähnlich. Ich darf behaupten, dass ich mich sowohl auf Menschen als auch auf Inhalte deutlich besser einlassen kann, wenn ich im

Gleichgewicht bin und mich sicher fühle. Unter Angst kann ich keine intensiven Beziehungen eingehen. Weder mit Menschen noch mit Inhalten. Unter Angst ziehe ich mich zurück.

Wenn wir unter Angst lernen, lernen wir die Angst mit. Deswegen schwitzen viele Menschen, wenn sie eine Rede halten, mit Freunden »Trivial Pursuit« spielen, Rechenaufgaben an Supermarktkassen lösen oder als Eltern zum Elternabend gehen (und etwas laut vorlesen sollen).

Sie erinnern sich ...

Sie erinnern sich, ohne dabei unbedingt das Gefühl haben zu müssen, sich zu erinnern.[12]

Während eines Vortrags von Gerald Hüther machte ich Bekanntschaft mit der Formulierung »Beifang-Lernen«. Ich war beeindruckt, besorgte mir ein Angelnetz, legte es aus und fragte mich, welche belastenden Gefühle wohl aus meiner Schulzeit hängengeblieben sind ...

Ich starrte das ausgebreitete Angelnetz an und tauchte in Sekundenschnelle ab in meinen persönli-

---

12 Zum impliziten Gedächtnis schreiben Daniel J. Siegel und Mary Hartzell: »Das faszinierende an implizierten Erinnerungen ist, dass sie ohne die innere Empfindung des ›Sicherinnerns‹ abgerufen werden.« In: Siegel, Daniel J. und Hartzell, Mary: *Gemeinsam leben, gemeinsam wachsen. Wie wir uns selbst besser verstehen und unsere Kinder einfühlsam ins Leben begleiten können.*

chen Albtraum »Physikunterricht« ...

Mir wird warm und ich nehme die Gerüche des Physikraums wahr. Ein Raum, der mir vorkommt wie eine Zelle für verurteilte Versager. Hier werden Freiheitsstrafen abgesessen. Stickig ist es. Keine Fenster, kein Entkommen. Nur Prüfungen und Ängste. Ich sitze inmitten von Überforderungsimpulsen und Druckerzeugern. Ich verstehe weder die Aufgaben, noch erschließt sich mir die Versuchsanleitung. Und morgen schreiben wir die entscheidende Klausur. Wie furchtbar. Frau Wiegler, das merke sogar ich, ist eine ausgewiesene Physikexpertin. Nur leider scheint sie keine Ahnung davon zu haben, wie sie die Raumatmosphäre entspannen kann. Sie lächelt, ohne zu lächeln. Mir hingegen vergeht das Lachen, denn ich habe den Eindruck, dass sie möglicherweise sogar darauf baut, dass Menschen wie ich vor Angst erstarren.

Was habe ich gelernt? Wenig Physik, aber viel Angst. Und: Physik und Angst gehören irgendwie zusammen. Noch immer zucke ich zusammen, wenn ich bestimmte Lieder im Radio höre. Reflexartig übermannen mich Gedanken wie zum Beispiel: »Morgen bist du fällig! Physikarbeit!« Sicher: Ich war keine Physikleuchte, aber meine ohnehin überschaubaren Talente wären gewiss eher zur Geltung gekommen, wenn ich mich freier, sicherer und beweglicher gefühlt hätte. Unter dem Einfluss massiver Angst erreichen wir langfristig keine intelligenten, kreativen, nachhaltigen Leistungen und Lösungen. Wir erstarren, wir verteidigen uns, wir flüchten. Manche flüchten sich in »ihre« Arbeit, was in Oben-Unten-Leistungsgesellschaften von denen, die oben sind, natürlich gerne gesehen wird. Angefeuert durch traditionelle Überzeugungen, Durchhalteparolen und besondere Anreize wird das Hamsterrad solange angetrieben, bis Menschen irgendwann erschlafft zu Boden sinken oder/und andere fertig machen.

Ich weiß nicht, ob das »Stopp-Lesen« noch praktiziert wird und ob es in Physikräumen einen Klimawandel gegeben hat. Heute scheint einiges besser zu sein als zu meiner Schulzeit. Irgendwie netter. Ich glaube, das liegt unter anderem daran, dass etliche Lehrer eine neue Wunderwaffe entdeckt haben: das Lob.

Lob

Leuchtende Kinderaugen erhellten den Klassen-raum, als der kleine Tom – seit wenigen Wochen in der zweiten Klasse – den heiß ersehnten Stempel im Mitteilungsheft erspähte. Frau Halle hatte ihn nach einigen Vorfällen in Aussicht gestellt: »Wenn du dich an die Regeln hältst und ich dich nicht ständig ermah-nen und vor die Tür setzen muss, sollst du eine Beloh-nung erhalten. Schau! Das ist der Sonnenstempel, den letzte Woche auch schon Anja, Bernd und Jan für gutes Benehmen bekommen haben.« Und nun war es soweit. Tom würde nach Hause rennen, seiner Mutter das Heft überreichen und endlich würde seine Mutter etwas Er-freuliches über ihren Sohn erfahren. Über ihn, der ihr, seitdem er in der Schule war, nur Scherereien bereitet hatte. Damit war jetzt Schluss. Nun wusste er, wie es geht. Seine Mutter müsste sich keine Sorgen mehr ma-chen. Die Zeit der Gewitterwolkenstempel gehörte der Vergangenheit an. Er würde dafür sorgen, dass seine Mutter und Frau Halle zufrieden mit ihm sein würden. So schwer war das ja auch überhaupt nicht. Er müsste im Unterricht nur ruhig sitzen, ordentlich mitmachen und niemanden stören. Er würde keine »Auszeit« mehr brauchen ...

Entzückt von der eigenen Güte und Professionalität stieg Frau Halle am Ende des Tages in ihr Auto. »Das mit den Stempeln funktioniert«, dachte sie. Tom würde doch noch lernen, was sie von ihm erwartete.

Passend dazu hier der Bericht einer Mutter:

»Oh, wir haben in der ersten Grundschule unseres Kindes den ›Schneckenpokal‹ kennen lernen dürfen. Eine Motivationshilfe, damit sich die Kinder beim Sportunterricht in der zweiten Klasse mit dem Umziehen beeilen. Nachdem sich unser Kind plötzlich weigerte, in die Schule zu gehen, weil es diese furchtbar schreckliche Schnecke nicht schon wieder haben wollte, haben wir nachgehakt. Auf Nachfrage bei anderen Kindern in der Klasse stellte sich heraus, dass es tatsächlich diesen unsichtbaren Pokal gab. Und natürlich war das Kind, was ihn verliehen bekam, automatisch die ›lahme Schnecke‹ und wurde so auch von den anderen gehänselt. Offiziell gibt es den Pokal natürlich nicht.« (Eva Kuhn, Mutter einer Tochter, pharmazeutisch-technische Assistentin)

Viele Schüler lernen im Laufe ihrer Schulzeit, was Erwachsene wollen, brauchen und verlangen und welche Bedingungen zu erfüllen sind, um Sonnenstempel zu ergattern oder Schneckenpokale abzuwenden. Ohne es zu bemerken, droht das Eigene fremd zu werden. In der festen Überzeugung, sich an die Vorgaben erdrückender und oftmals durchaus freundlich wirkender Autoritäten halten zu WOLLEN, setzen sich junge Menschen irgendwann vollautomatisch Masken aufs Gesicht. Sie fühlen, denken und tun das, was gefühlt, gedacht und getan werden darf. Und eines Tages – Entfremdungsprozesse sind eher schleichender Natur – schauen sie in den Spiegel und meinen, die Masken seien sie selbst.

Unlängst erzählte mir die Mutter eines achtjährigen Jungen, dass die Lehrerin ihres Sohnes jede

Woche folgende Marschroute ausgibt: »Wer bis zum Freitag acht Arbeitsbögen gelöst hat, darf einen Stern auf das Klassenplakat kleben. Alle die, die das schaffen, bekommen am Freitag vor der Klasse Applaus.« In dieser Klasse wurden jede Woche die »Mitarbeiter der Woche« gekürt und damit insgeheim auch »die Versager der Woche«. Besagter Junge strengte sich anfangs sehr an, um zu den Auserwählten zu gehören. Er scheiterte und stellte seine Bemühungen nach einiger Zeit komplett ein. Der Junge, der sich noch vor wenigen Monaten auf »seine« Schule gefreut hatte, fing an, Schule, Lehrer und Mitschüler zu hassen. Die Pädagogen des Hauses vertraten die Meinung, dass mit dem Schüler irgendetwas nicht stimmen könne. Sie schlugen eine besondere Förderung vor. Der Gedanke, dass das Verhalten des Schülers in Beziehung zu dem stehen könnte, was sich im Klassenraum zutrug, wurde gegenüber der Mutter nicht geäußert. Den kritischen Anmerkungen der Mutter begegneten die Pädagogen mit »Professionalität«.

Schulprobleme

»Jeder Mensch liebt es, zu lernen, zu entdecken und Neues zu erforschen. Aber auch jeder Mensch hat seinen eigenen Rhythmus, seine eigenen Interessen und Fähigkeiten. Sobald man Druck ausübt, wird Lernen unterdrückt. Wer lernt schon gerne unter Druck?«

Kirsten Schmitz, Hobbyautorin

Wir sprechen häufig davon, dass junge Menschen aufgrund individueller Defizite schulische Probleme haben, und ziehen verhältnismäßig selten in Betracht, dass der Ausgangspunkt sogenannter Schulprobleme sehr oft nicht Kinder und Jugendliche und deren »Baustellen« sind, sondern die an unseren Schulen verbreiteten Störungs-, Bewertungs- und Unterrichtskonzepte. Das Wort »Schulprobleme« hat für mich nur insofern eine Berechtigung, als dass Schule beziehungsweise die Interpretation und Umsetzung der Idee Schule etlichen Kindern und Jugendlichen Probleme bereitet. Nach meiner Erfahrung sind Sätze wie zum Beispiel »Tom hat Konzentrationsprobleme«, »Sabine leidet unter einem Aufmerksamkeitsdefizit« oder »Das Verhalten von Karl-Friedrich ist verantwortungslos« in den meisten Fällen Ausdruck einer auf Homogenität und Gehorsam ausgerichteten Raster-Pädagogik. Ich bin immer wieder gleichzeitig peinlich berührt und hocherfreut, wenn ich dann sehe, wie sich ein Tom beim Fußballtraining auf seine Abwehraufgaben konzentriert, eine Sabine aufmerksam den Geschichten der Großmutter folgt und ein

Karl-Friedrich auf dem Spielplatz seinem kleinen Bruder zur Seite steht. Solange wir nicht einsehen, dass immer mehr Kinder und Jugendliche Symptome entwickeln, WEIL sie in der Schule sind und unter den dort dominierenden Denk- und Verhaltensweisen von Erwachsenen leiden, wird sich unsere Schulkrise, die eindeutig NICHT von Kindern und Eltern ausgeht, zuspitzen. Ich vertrete die Meinung, dass wir uns weniger um die Symptome »problematischer« Kinder und Jugendliche kümmern und stattdessen der Frage nachgehen sollten, welche Systemeigenschaften und Erwachseneneinflüsse dazu führen, dass ein Tom, eine Sabine und ein Karl-Friedrich in ausweglose Situationen geraten und erst auffällig werden müssen, um auf sich und ihr Elend aufmerksam zu machen. Also müssen wir doch herausfinden, wer Schuld hat? Sprich: Eltern oder Lehrer? Nein. Bitte nicht. Wenn der Hintergrund der alten Schul(d)frage nicht so dramatisch destruktiv wäre, könnte man aus ihr eine Fernsehshow ableiten, die mit Sicherheit hohe Einschaltquoten erzielen würde ...

»Herzlich Willkommen zum Sündenbock-Camp! In der linken Ecke: Die Eltern von Tom, Sabine und Karl-Friedrich. Sie kümmern sich nur um sich selbst, sind verantwortungslos und erziehen nicht richtig! In der rechten Ecke: Die Lehrer. Sie sind doof, faul und inkompetent. Wer ist der Sündenbock? Es kann nur einen geben und heute stoßen wir ihn um.«

Wir müssen endlich damit aufhören, DIE Schuldigen zu suchen. Ja, ich weiß schon. Wenn jemand eine Bank überfällt oder zum Mörder wird, dann ist er schuldig und muss bestraft werden. Der Punkt ist: In Toms, Sabines, Karl-Friedrichs und in unzähligen anderen Geschichten hat niemand eine Bank überfallen oder jemanden ermordet. Auch die Lehrer nicht. Nie ist mir ein Lehrer begegnet, der »es« vorsätzlich »schlecht« machen wollte. Das allerdings entlässt Lehrer nicht aus ihrer Verantwortung, das, was schlecht läuft, vor dem Hintergrund der eigenen Überzeugungen, Konzepte und Einflüsse zu prüfen. Etliche Lehrer überschreiten Grenzen, ohne es zu wissen, oder, was in gewisser Weise deutlich schlimmer ist, weil sie meinen, man müsse Schülern aus Prinzip zeigen, wo der Hammer hängt. Selbst diejenigen Lehrer, die sich sehr bewusst vornehmen, die Integrität ihrer Schüler zu respektieren, verletzen von Zeit zu Zeit Grenzen. Das weiß ich aus eigener Erfahrung. Beispiel: Als Lehrer ist mir wichtig, dass in der Schule viel gelacht wird. Ich halte nichts vom immerwährenden »Ernst des Lebens«. Es kommt also vor, dass ich Witze mache und meine Späße treibe. Ich durfte jedoch feststellen, dass nicht allen Schülern immer zum Lachen zumute ist. Eines Tages kam Lisa auf mich zu und sagte: »Das, was Sie heute gesagt haben, hat mich verletzt! Der Witz ging auf meine Kosten.« Alles, was wir Lehrer tun, hat Konsequenzen und dafür müssen wir geradestehen. Vor zehn Jahren hätte ich möglicherweise geantwortet: »Ach, nun hab dich nicht so!« Heute schaue ich Lisa an und antworte: »Danke, dass du mir das gesagt hast. Es tut mir leid, und ich werde darauf achten, dass ich das nicht wieder mache. Einverstanden?«

Tom, Sabine, Karl-Friedrich, Lisa und all die anderen jungen Menschen, die zur Schule gehen MÜSSEN, sind auf Erwachsene angewiesen, die sich wie Erwachsene benehmen und Respekt entgegenbringen, anstatt das Klagelied von der steigenden Respektlosigkeit zu singen. Gerade dann, wenn es jungen Menschen schlecht geht, müssen die Großen im gleichwürdigen Dialog der Frage nachgehen, was Kinder und Jugendliche über ihr Lern- oder Sozialverhalten möglicherweise zum Ausdruck bringen. Das »schwierige« Verhalten »schwieriger« Kinder und Jugendlicher ist lediglich die Spitze eines Eisberges, nicht jedoch das eigentliche Problem. Viele junge Menschen versenden heute eine zentrale Botschaft, und sie lautet:»Uns geht es nicht gut. Wir brauchen keine Strafen, Regeln oder Erklärungen. Wir brauchen eure Unterstützung.« Richtig schlimm kann es in Krisenzeiten für Heranwachsende werden, wenn sie sich auf Lehrer und Eltern einstellen müssen, die sich gegenseitig die Schuld in die Schuhe schieben und behaupten, es ginge um das Wohl des jeweiligen Kindes/Jugendlichen. Menschen, denen der Sinn danach steht, Schuldige auszukundschaften, geht es nicht zuletzt um sich selbst und das Abwenden von Schuld. Wenn sie »beweisen« können, dass sich andere schuldig gemacht haben, meinen sie, ihre weiße Weste behalten zu können. Unzählige junge Menschen fühlen sich heute verlassen und unerhört, obwohl sie Gesprächsthema Nummer eins sind. Hundertfach schallt es durch die Flure pädagogischer Einrichtungen:»Das ist ja unerhört!« Wie wahr. Wenn Schüler, deren Angst vor Versagen, Beschämungen, Grenzverletzungen, Falschmacherei über lange Zeit unerhört blieb, und die, die hinhören sollten, eher damit beschäftigt sind, nach Schuldigen Ausschau zu halten, ist es nachvollziehbar, sich als Schüler lautstark bemerkbar zu machen. Wir Lehrer müssen lernen, unseren Gedankenlärm zu minimieren, um unseren Schülern empathisch zuhören zu können. Und das heißt auch, dass wir uns abgewöhnen müssen, alles, was Schüler sagen, reflexartig zu kommentieren und zu berichtigen. Wer ständig Reden schwingt, nach Argumenten sucht, Schuld verteilt, mag ein guter Geräuschkulissenbauer sein, jedoch nicht unbedingt ein offener Zuhörer. Die alte Pädagogen-Schallplatte ist ein Ladenhüter. Sie ist für viele junge Menschen nicht hörenswert.

Von Schülern lernen

Vor einigen Jahren machten wir Lehrer uns Sorgen um ein Mädchen, das regelmäßig mit großen Augen aus dem Fenster schaute. Sylvia hing lieber ihren eigenen Gedanken nach, als sich der Rechtschreibung oder irgendeiner Zahlraumerweiterung zu widmen. Ihr waren andere Räume wichtiger. Aufgrund von Konzentrationsproblemen sahen wir ihre schulische Entwicklung gefährdet. So gaben wir uns alle Mühe, ihr Problem zu lösen. Schließlich HATTE sie ein Problem. Das hielten wir für eine Tatsache. Glücklicherweise wurde sie von Eltern begleitet, die den ganzen Schul-Hokuspokus kompetent und friedlich ignorierten. (Und falls die Eltern von Sylvia dieses Buch lesen sollten, will ich ihnen gerne eine Botschaft hinterlassen: Danke!)

Wir waren keine schlecht gelaunten, unmotivierten, dummen Lehrer. Im Gegenteil: Auf der Grundlage dessen, was wir zu wissen glaubten, investierten wir viel Energie und Gehirnschmalz in die Lösung eines Problems, das aus meiner heutigen Sicht keines war. Sylvia hatte allein deswegen ein Problem, weil wir ihr Verhalten in unserem Sinne deuteten.

Meine Güte, wir Lehrer könnten Kindern, Eltern und uns selbst so viel ersparen ...

Ich brauchte mindestens zehn Jahre, um den Gedanken zu integrieren, dass wir von unseren Schülern lernen können. Nicht nur über sie selbst, sondern über uns, unsere Prägungen, Wertevorstellungen und Reaktionsmuster. Ich habe Sylvia viel zu verdanken. Zum Beispiel habe ich mich durch sie erinnert an den kleinen Kerl, der vor Ewigkeiten instinktiv wusste, wie er zur Ruhe kommen konnte, und der heute, mit über vierzig Jahren, Meditations-CDs oder zwei Flaschen Bier benötigt, um ein bisschen herunterzufahren.

Dazu eine »Gedanken-Episode« ...

Ich sehe mich als vielleicht siebenjährigen Jungen auf einem Baumstamm sitzend. Gedankenverloren und völlig gegenwärtig. Meine Augen bewegen sich nicht, mein Blick geht nach innen. Ich bin einverstanden, ruhig, versunken. Ich mag mich. Ich mag mein Leben. Bilder ziehen vorüber. Tagträume. Anwesenheit durch Abwesenheit. Alles ist möglich und nichts muss sein. Ich bin angekommen – bei mir, im Land der unbegrenzten Möglichkeiten.

Ich »wache« auf und alles ist gut. Vertrauen durchströmt meinen Körper. Ich strotze vor Energie, und nichts ist unmöglich. Alles und jeder kann ich sein:

Fußballer, Künstler, Jedi-Ritter, Batman, Tom Sawyer, Captain Future, Vater, Arzt, Lokomotivführer, Astronaut, ein beste Freund, Lebensretter, Ritter, Polizist, Abenteurer, ein Schmunzelmonster, normal, Indianer, Bauarbeiter, Rennfahrer, Schneemann, Feuerwehrmann, Pirat, Elvis ...

Ich korrigiere: Alles und jeder kann ich doch nicht sein. In meiner Traumwelt ist kein Platz für den Ver-

sager, den Verlierer, den Zurückgebliebenen. Allein mir fehlt die Vorstellungskraft.

Dann aber betreten Erwachsene meine Welt und erweitern meinen Horizont. Sie predigen den Ernst des Lebens. Sie berichten vom Scheitern. Sie unterweisen mich. Sie unterrichten mich. Auf dass ich nicht unter die Räder komme. Ich möge »bitte« vom Baum herunterkommen.

Und damit ich mich auf das konzentrieren kann, was in ihrer Welt wirklich wichtig ist, soll ich endlich damit aufhören, Löcher in die Luft zu starren, »ganz woanders« zu sein, zu träumen.

Heute bin ich dreiundvierzig Jahre alt. Ich stehe, wie sagt man so schön, mit beiden Beinen fest im Leben. Daran ist nichts schlecht, nur sehne ich mich hin und wieder danach, ein Traumtänzer zu sein. Einfach so, ohne Hilfsmittel und ohne sich das Träumen verdienen zu müssen. Und ich frage mich, wie wir heute in unseren Schulen mit all den jungen Menschen umgehen, die im Unterricht aus Fenstern starren, nach innen gehen, Luftschlösser bauen. »Du träumtest während des Unterrichts. In Zukunft musst du dich auf das Wesentliche konzentrieren!« Solche Sätze beschmutzen jedes Jahr unzählige Zeugnisse. Was kann es Wesentlicheres geben, als bei sich zu sein? Und was kann es Unbegabteres geben, als jungen Menschen dann irgendwann vorzuwerfen, sie besäßen keine Phantasie und wären angewiesen auf virtuelle Internet-Welten?

Druck auf dem Schulkessel

Erwachsene meinen oft, dass Kinder heutzutage so schwer zu motivieren seien. Das ist ein bisschen merkwürdig, denn ich bin der Meinung, dass sich Kinder für etliche Dinge begeistern können. Wir sollten da auf unsere (oft moralisierende) Sprache achten und vielleicht eher sagen: »Kinder wollen nicht automatisch das machen, was wir von ihnen verlangen.« Damit bin ich nicht nur einverstanden. Ich frage mich, was daran so schlimm sein soll.

Ich finde es fast etwas aberwitzig, dass wir Heranwachsenden bisweilen vorwerfen, entweder keine eigenen Interessen und Hobbies mehr zu haben oder aber den falschen Freizeitbeschäftigungen nachzuhängen. Gehen wir nach einem anstrengenden Arbeitstag noch in den Wald, um mit Freunden lustige Figuren zu schnitzen, Baumhäuser zu bauen oder Vogelstimmen auf eine Chromdioxid-Kassette aufzunehmen? Ich fand das früher ja auch alles super. Aber abgesehen davon, dass wir älter geworden sind, haben sich die Zeiten dramatisch geändert. Auch und besonders für Heranwachsende. Diese haben heute extrem wenig Freizeit und dafür Arbeitstage, die im Durchschnitt nicht nur länger sind als die der Erwachsenen. Ihr Alltag ist nach meiner Überzeugung außerdem deutlich bedrückender. Berufstätige stehen in der heutigen Zeit unter einem enormen Druck. Keine Frage. Ich glaube aber, dass Kinder und Jugendliche gegenwärtig einen Druck ertragen müssen, der weit über das hinausgeht, was die meisten

Großen täglich erleben. Junge Menschen müssen jeden Tag neues Wissen durchdringen, Prüfungen ablegen, sich auf unterschiedliche Vorgesetzte einlassen, Niederlagen ertragen, sich fügen, so tun als ob, still sitzen, Fremderwartungen erfüllen, sich über den Ernst des Lebens belehren lassen, sich anpassen, in großen Gruppen arbeiten, fragen, ob sie auf die Toilette gehen dürfen, Ängste aushalten, sich definieren lassen, Wut unterdrücken, bis in den späten Abend Hausaufgaben erledigen, sich auf Tests vorbereiten, nacharbeiten, sich (zum Teil) vor Eltern rechtfertigen und vieles mehr. Vielleicht gibt es Erwachsene, die an der Stelle sagen: »Wo ist das Problem? Ist bei mir ähnlich.« Mag sein. Kann auch sein, dass es Menschen gibt, die so einen Alltag mögen und wollen. Was wir aber zumindest bedenken sollten: Wir haben die Wahl. Kinder und Jugendliche nicht. Notfalls können wir den Arbeitgeber oder den Beruf wechseln. Heranwachsende nicht.

Im Grunde ist es Quatsch, den individuell wahrgenommenen Druck zweier oder mehrerer Menschen miteinander zu vergleichen. Ich glaube ganz einfach, dass der Druck auf allen Ebenen gegenwärtig unsagbar hoch ist. Zu hoch. Viel zu hoch. Der Druck ist in der heutigen Zeit so hoch, dass immer mehr bedrückte, deprimierte und verängstigte Junge und Alte Druck ab- und Urteile erlassen. Als jemand, der sich dem Thema Schulangst widmet, will ich keineswegs den Teufel an die Wand malen und Horrorszenarien heraufbeschwören. Gleichwohl will ich deutlich zum Ausdruck bringen, dass aus meiner Sicht Vorsicht geboten ist. Wir alle, die wir meinen, so unglaublich frei und selbstständig zu sein und immun gegen Männer in brauen Uniformen, sind mehr oder weniger geprägt von deprimierenden Entfremdungsprozessen und entwürdigenden Unterwürfigkeitserfahrungen. Der offensichtliche und von Diktatoren eingeforderte Gehorsam ist einem eher subtilen und schwer zu ortenden Gehorsam gewichen. Er wird weniger repräsentiert durch EINEN Führer oder EINE Partei, als getragen von VIELEN, die einem normopathischen und deswegen unauffälligen Zeitgeist Untertan sind. Einem Zeitgeist, dessen Geisteshaltung getragen wird von Werten wie zum Beispiel Wachstum, Leistung, Anpassung, Konkurrenz, Erziehung und Bildung. Wachstums-, Leistungs-, Anpassungs-, Konkurrenz-, Erziehungs- und Bildungsdruck sind die Tyrannen der Moderne.

Ich glaube, dass wir alle in gewisser Weise zu den VIELEN gehören und Schule mehr und mehr zu einem Ort verkommt, an dem die nächsten VIELEN herangezüchtet werden. Wir müssen uns klar machen, dass wir alle an Schulentwicklungen beteiligt sind. Die Professionellen tragen die Verantwortung für das, was an den jeweiligen Schulen wie gemacht wird. Darüber gibt es für mich keinen Zweifel. Getragen aber werden unsere Schulen von uns allen, sprich: von den VIELEN. Pädagogen, die an ihren Schulen einschneidende Veränderungen vornehmen wollen, jedoch am Veto der Eltern scheitern, wissen, wie schwierig es werden kann, den »Schneller-Weiter-Höher-Druck« vom Schulkessel zu nehmen. Dabei wäre es so wichtig, den Druck zu verringern, anstatt ihn ständig zu erhöhen.

Meine Tochter Emma ist elf Jahre alt und hasst Druck, Zähneputzen und Pädagogik. Niemand sollte davon ausgehen, dass sie, nur weil ihr Vater jeden Tag mehr oder weniger sinnvolles Zeug zu Papier bringt, ihre Freizeit irgendwie mit »besonders wertvollen« Dingen verbringen würde. Nein, Emma schwebt nicht mit Pinseln, Stricknadeln oder einer Geige durch die Welt. Meine Tochter versucht, wie so viele andere Kinder, überhaupt so etwas wie eine eigene Welt zu entdecken und zu gestalten. Auch für sie ist die Entdeckungsreise gar nicht so einfach. Es gibt insgesamt wenig Raum, Zeit und entspannte Erwachsene. Ob es für mich ein Leichtes ist, wenn Emma abends vor ihrem Laptop sitzt und stundenlang Minecraft spielt? Nein, ganz und gar nicht. Jedoch will ich ihr daraus keinen Vorwurf machen. Und manchmal gelingt mir das auch. Insbesondere dann, wenn ich feststelle, dass ich im Grunde genommen nicht anders bin. Ich spiele nicht Minecraft, ich setze mich zur Entspannung über Stunden vor den Fernseher und gucke Fußball.

Ich kletterte als Kind auf Bäume, Emma baut in einer digitalen Welt Bäume aus Würfeln. Das kann ich befürworten oder auch nicht. Die Pointe ist: Emma ist sehr motiviert, das zu tun, was sie für wichtig befindet. Und richtig ernst kann sie ihren Beschäftigungen nachgehen, wenn sie spielt.

Lernen und Spielen?

Lernen und Spielen? »Geht nicht!«, sagen die einen. »Geht gar nicht anders!«, sagen die anderen.

In dem Buch »Neue Kinder, neue Eltern« meinen die Autoren Michael Mendizza und Joseph Chilton Pearce:

»Ein Kind, das nie spielt, wird nicht spielen können – weder mit Musik noch mit mathematischen Theoremen, auch nicht mit architektonischen Entwürfen und auch nicht mit den großen Philosophien.«[13]

»Spielst du noch oder lernst du schon?« So oder ähnlich könnte eine Einleitungsfrage in einem Bewerbungsgespräch für zukünftige Erstklässler lauten. In der Schule angekommen lassen sich die meisten Kinder zumindest vorübergehend auf das Spiel Schule ein. Irgendwann aber – nach zwei Stunden, vier Wochen oder sieben Monaten – spüren sie, dass Schule kein Spielplatz ist, sondern ein Ort, an dem ernsthaft gelernt wird. Sie müssen etwas trennen, was bisher zusammengehörte: Es gibt Spielen auf der einen und Lernen auf der anderen Seite. Viele Kinder passen sich an die Vorgaben der Erwachsenen an. Andere Kinder jedoch – nicht nur, aber nach meiner Erfahrung speziell Jungen – kooperieren eher entgegenge-

---

13 Mendizza, Michael; Pearce, Joseph Chilton: *Neue Kinder, neue Eltern.*

setzt. Sie spielen ihre Spiele, trotzdem sie ermahnt wurden, sich auf die ernsthaften Dinge des Lebens einzulassen. Sie treiben ihre Späße, sie machen Witze, sie fordern heraus – übrigens bevorzugt jene, die selbst ein Spiel spielen, nämlich das Lehrerrollenspiel. Unzählige Kinder machen in jungen Jahren die bedrückende Lernerfahrung, dass ihr Spielbedürfnis eine Art Makel ist. Menschen werden krank, wenn sie über einen längeren Zeitraum nicht aus ihren Bedürfnissen heraus leben. Wenn wir Schule zur spielfreien Zone erklären, provozieren wir Stress, Krankheit und Symptome. Sicher: Die meisten unserer Grundschulen sind bunt und laut wie das Kinderfernsehen. Aus Mathebüchern und Fibeln grinsen dich motivierende und in Rechenaufgaben vertiefte Schlangen an. Die Wände sind behangen mit kindgerechtem Lernkitsch, und wenn das Stundenziel erreicht ist, kann man zur Belohnung auch mal ein kleines Spiel spielen. Zur Auflockerung. Ein bisschen Spaß muss schon sein, und außerdem soll man ja Kinder dort abholen, wo sie stehen. Nein, das, was wir heute an vielen Schulen machen, ist kein Spaß. Und weil wir merken, dass immer mehr Kinder bereits in den ersten Klassen Schwierigkeiten damit haben, sich entgegen ihres Bewegungsdranges (der zwischen sechs und zwölf Jahren am höchsten ist[14]) im Stillsitz-Modus auf etwas einzulassen, was keinen Spaß macht, fangen wir noch früher an, Kinder auf den Ernst des Lebens vorzubereiten. Wir entwerfen Häuser der kleinen Forscher, pädagogisch wertvolle Vorschulen und Beobachtungsbögen, die junge Menschen in Einzelteile zerle-

14 Largo, Remo: http://www.zeit.de/2013/07/ADHS-Studien.

gen. Zur besseren Vorbereitung auf den Schuldienst soll man Entwicklungsdefizite schließlich möglichst früh erkennen und behandeln. Ich vermute, dass es bald eine Vorvorschule geben wird, in der bereits Kleinkindern beigebracht wird, ruhig zu sitzen und nicht so viel zu spielen. Am besten auf Chinesisch ...

Spielen ist Lernen. Lernen ist Spielen.

Lebenslanges Lernen bedeutet lebenslanges Spielen.

In der heutigen Zeit muss man gut aufpassen, was man sagt und wie das Gesagte möglicherweise gedeutet wird. »Sollen wir aus Schulen jetzt etwa Spielplätze machen?«, schmettern mir kritische Zeitgenossen bisweilen entgegen. Nein, der Meinung bin ich nicht. Aber es könnte unseren Horizont durchaus erweitern, so wir die Bereitschaft aufbrächten, Kinder frei spielen zu lassen und sie dabei zu beobachten. Wohlgemerkt ohne Beobachtungsbögen, ohne Rasterbrillen und ohne Hochrechnungen in eine ferne Zukunft. Auf dem Spielplatz oder im Wald leidet kein einziges Kind unter einem Aufmerksamkeitsdefizit oder Motivationsproblem. Kinder sind motiviert, neue Lernerfahrungen zu machen und konzentriert auf das zuzugehen, was in ihrer Lebenswelt wichtig ist. Von sich aus. Genauso wie sie von Zeit zu Zeit hungrig, durstig oder auch müde sind. Da müssen wir nicht ständig Ideen entwickeln, wie wir Kinder hungrig, durstig, müde oder eben motiviert bekommen. Wenn wir sie »ganz« lassen, werden sie motiviert und in der Lage sein, neue und für sie bedeutsame Erfahrungen zu sammeln. Auch in der Schule. In meiner Wunschvorstellung entpuppt sich Schule als Bewegungs-, Erfahrungs- und Möglichkeitsraum. Der Lehrer stellt sich, seine Kompetenzen, seine Erfahrungen und sein Expertenwissen zur Verfügung, um Kinder auf ihrem Weg zu unterstützen. Er bringt sich ein – als Lernbegleiter, Vertrauensperson, Gesprächspartner und Impulsgeber. Und ich will gerne hinzufügen, dass ich überhaupt nichts dagegen habe, wenn sich Schüler für etwas begeistern und der Lehrer seinen Anteil daran hat. Es ist doch wunderbar, wenn zum Beispiel Kinder und Jugendliche einen Vortrag über Tauben halten wollen und der Lehrer Materialien aus seinem Fundus mitbringt. Und sollten die Vorbereitungen auf den geplanten Taubenvortrag ins Stocken geraten, weil die Motivation nach anfänglicher Begeisterung nachlässt, darf und sollte der Lehrer an gesteckte Ziele erinnern und Hilfe anbieten. In dem Moment aber, in dem er als Motivationskünstler oder Angstmacher dafür Sorge tragen will, dass sich Kinder für etwas interessieren, was sie in ihrer Welt nicht wirklich brauchen, verhält er sich im Grunde genommen wie ein Verkäufer, der sein Produkt unter fadenscheinigen Gründen verkaufen will. Und dann fängt er an, Argumente ins Feld zu führen und Verkaufsgespräche zu führen: »Das brauchst du für später!« – »Wenn du dich nicht anstrengst, dann bekommst du keinen guten Beruf!« – »Willst du eines Tages arbeitslos und arm sein?« – »Ohne einen guten Beruf wirst du nichts.«

Wollen wir junge Menschen tatsächlich zum Lernen motivieren, indem wir Ängste schüren und vom persönlichen Weltuntergang faseln?

Schule wird noch immer dominiert von der Idee, dass wir Lehrer zuständig sind für Wissensvermittlung, neuronale Vernetzungen und Motivation. Wir sollen das alles MACHEN. Unter dem in der pädagogischen Welt so verbreiteten Machbarkeitswahn leiden nicht »nur« Kinder und Jugendliche. Auch wir Lehrer sind Leidtragende traditioneller Schul-Machenschaften. Unser Auftrag sieht vor, dass wir etwas machen sollen, was im Grunde genommen nicht machbar ist. Egal wie sehr wir uns auch anstrengen: Wir können kein Wissen vermitteln. Wir können Vernetzungen im Gehirn nicht machen. Wir können niemanden motivieren.

Kinder wollen nicht immer das erfahren und lernen, was unseren Erwartungen entspricht. Die Be- und Abwertung dieses Umstandes aber halte ich für ein hausgemachtes Erwachsenenproblem. Wenn wir Kinder mit Schuleintritt (und lange davor) auf den Ernst des Lebens und damit auf Gehorsam, Leistungen, Leistungsbewertungen, Bedürfnisunterdrückung (ein verbreiteter Übersetzungsfehler: Impulskontrolle) und Konkurrenzkampf trimmen, können wir doch nicht ernsthaft davon ausgehen, dass sie sich – intrinsisch motiviert – dem Potential der Dinge zuwenden und »nebenbei«, sozusagen spielerisch, maximale Leistungen erzielen. Viele Menschen haben eine unglaubliche Angst davor, Fehler zu begehen, fehlerhaft zu sein und von denen abgewertet zu werden, die über »richtig« und »falsch« befinden. Bereits in jungen Jahren entdecken sie einen Angstblogger, der in unseren Breitengraden äußerst beliebt ist und Menschen zu Höchstleistungen anstachelt. Ich nenne diesen Angstblogger Ehrgeiz. Mit einem ehrgeizigen Angstgespenst als Lernbegleiter wachsen wir nicht. Wir schrumpfen. Ich spreche mich keineswegs grundsätzlich gegen Ehrgeiz aus. Was kann es Erfüllenderes geben, als Ehrgeiz zu entwickeln im Sinne eines »Mit-sich-selbst-Ringens«? (Wenn ich immer nur dann an diesem Buch schriebe, wenn ich Lust zum Schreiben hätte, bräuchte ich wahrscheinlich mehrere Jahre.) Nur habe ich ein großes Problem damit, wenn Ehrgeiz dem unterschwelligen Ziel dient, in einen imaginären Ring zu steigen, um sich mit antrainierten Ängsten zu duellieren.

Ich muss zugeben, dass ich kein Konzept mit mir herumtrage, das beschreibt, wie eine Schule aussehen könnte, in der Schüler unentwegt angstfrei, hoch motiviert, spielerisch und voller Begeisterung optimale Lernerfolge erzielen. Falls ich aber jemals auf die Idee kommen sollte, mich so einer Ausarbeitung zuzuwenden, würde ich mich zunächst einmal mit der Idee an sich auseinandersetzen. Denn manchmal sind nicht die Wege zum Ziel problematisch. Manchmal sind es die Ziele selbst. Ist es sinnvoll, unsere Schulen dahingehend zu entwickeln, dass Schüler unentwegt angstfrei, hoch motiviert, spielerisch und voller Begeisterung lernen? Ich glaube nicht. Selbst wenn es uns gelänge, anregungsreiche, von Freiräumen und gegenseitigem Respekt geprägte Lernumgebungen zu schaffen – und diverse Schulen zeigen, dass dieses Anliegen umsetzbar ist – würden wir immer noch auf Schüler (und Lehrer) treffen, die nicht gerne zur Schule gehen und unter ihren Möglichkeiten bleiben. Und das ist aus meiner Sicht zu akzeptieren.

Ich bin sehr dafür, dass wir den traditionellen Schullernbegriff entschulen. Auf Dauer verhindern Zwang, Druck, Fremderwartungen, »Bulimie-Lernen«, Hektik und Klassenkämpfe Potentialentfaltung. Im Umkehrschluss sollten wir aber keinen Lernbegriff gebären, der aufgrund überzogener und romantischer Erwartungen unhaltbar ist. Eine gute Lernumgebung zu schaffen, darf nicht heißen, ein künstliches Harmoniekonstrukt zu entwerfen, in dem Stress, Reibungen, Verletzungen, Konflikte, Autorität und Ängste kategorisch verneint und unterbunden werden. Das wäre geradezu unmenschlich. Harmoniedruck ist eine besonders subtile und gemeine Form der Unterdrückung, weil sie so schwer zu erkennen ist und rein äußerlich überaus nett wirkt. Wie viele Menschen haben in zwangsharmonischen und antiautoritären Umgebungen ein chronisch schlechtes Gewissen verinnerlicht und die Überzeugung gewonnen, sie seien undankbar, unwürdig und schuldig? In »Friede-Freude-Eierkuchen-Umgebungen« schlussfolgern etliche unglückliche, depressive Menschen: »Hier sind alle immer freundlich, verständnisvoll und vernünftig. Eigentlich hab' ich doch gar keinen Grund, unzufrieden, übellaunig, wütend oder traurig zu sein. Es muss also an mir liegen!« Komplett aus dem Gleichgewicht können ohnehin schon »grundlos« unglückliche Kinder geraten, so sie mit Erwachsenen zusammenleben, die nach außen hin strahlen wie Wunderkerzen, jedoch insgeheim und zwischen den Zeilen folgende Botschaft verkünden: »Undank ist der Welten Lohn!« Nachdem ich selbst viele Jahre lang unter Harmoniesucht und Inkongruenz litt, sage ich heute »Ja!« zum »Nein!«. Ich darf unbequem sein und sagen: »Nein, das will ich nicht!« Das sorgt durchaus für Spannungen, mittlerweile aber weiß ich, dass Spannungen zu uns und unserem (gemeinsamen) Entwicklungsweg gehören. Für mich steht außer Frage, dass wir alle ein Leben im Spannungsfeld aus Integrität und Kooperation leben. Ich will dies, du willst das. Ich will zum Abendessen Nudeln essen, du willst Reis. Ich will im Urlaub nach Spanien fahren, du willst nach Indien fliegen. Ich will, dass mein Kind ins Bett geht, mein Kind will noch spielen. Ich will, dass meine Schüler Vokabeln lernen, einige meiner Schüler wollen lieber etwas malen. So ist Leben. Die Frage ist: Wie gehen wir speziell in der Schule damit um? Einen freien Willen werden Kinder und Jugendliche nicht entwickeln, indem wir ihnen untersagen, einen freien Willen zu haben. Viele Menschen haben gelernt, sich und ihren Willen in Konfliktsituationen zu verleugnen oder aber andere für ihr Anderssein »falsch« zu machen. Ich denke, Schule sollte kein Ponyhof sein, sondern ein Ort, an dem Spannungen sein dürfen. Ein Ort, an dem Menschen lernen dürfen, sich zu bewegen, ohne andere zu verdrängen. Mit Hilfe konfliktbereiter UND respektvoller, empathischer Erwachsener könnten junge Menschen lernen, sich zu positionieren, sich zu erfahren, sich zu streiten. Auseinandersetzungen (mit zum Beispiel Lehrern, Eltern, Freunden, sich selbst, Inhalten, Niederlagen) wären kein Zeichen für Autoritätsverlust oder Versagen, sondern Ausdruck von Lebendigkeit und Entwicklung. Ich wünsche mir, dass wir in unseren Schulen nicht nur ÜBER das Leben sprechen und Schüler auf ein späteres Leben vorbereiten (von dem wir ohnehin keine Ahnung haben). Ich plädiere dafür, Leben zuzulassen. Jetzt! Und um Missverständnissen vorzubeugen: Ich sage bewusst Leben und nicht Überleben. Wenn nämlich ein Übermaß an Stress krank macht, Reibung Verlierer hinterlässt, Verletzungen auf der Tagesordnung stehen, Konflikte in Krieg ausarten und Ängste genutzt werden, um Menschen gefügig und funktionstüchtig zu machen, stecken wir auf Dauer im Überlebensmodus. Ich meine, wir sollten Schulen gründen und etablieren, in denen die Verantwortlichen mutig genug sind, Kindern und Jugendlichen herausforderndes (aber kein überforderndes) Leben zuzumuten. Schulen, die Konflikte, Flexibilität, Kreativität, persönliche Verantwortung, Achtsamkeit, Empathie, Selbstbildung, ja in gewisser Weise sogar Ziellosigkeit, wollen und fördern. Schulen, in denen Menschen eingeladen werden zu agieren, anstatt zu reagieren. Schulen, in denen Menschen einfach mal in Ruhe gelassen werden.

Und: Ich wünsche mir Schulen, an denen die Würde aller (!) Menschen bedingungslos respektiert wird. Nicht nur »laut Konzept«, sondern im gelebten Alltag. Es mag lächerlich klingen, aber ich kann es kaum ertragen, wenn Lehrer – gerade solche, die einen Mangel an Respekt beklagen und/oder sich mit fortschrittlichen Ideen schmücken – nicht in der Lage dazu sind, einem Hausmeister, einem Elternteil oder einem Postboten in die Augen zu schauen und »Guten Morgen« zu sagen.

»Nun bin ich meinen Schülern gleichwürdig begegnet, und trotzdem machen sie nicht, was ich will ...«

Immer mehr Lehrer beschreiten neue Wege. Sie werden zu »Pfadfindern«, weil sie merken, dass sie auf alten Pfaden nicht weiterkommen. Dass sie damit ein großes Wagnis eingehen, bleibt vielen Außenstehenden verborgen.

Experimentierfreudige Lehrer sind an etlichen Schulen ganz und gar nicht beliebt. Schnell fühlen sich manche Kollegen von veränderungswilligen Pionieren in Frage gestellt. Die von ihnen getroffene Aussage »Das funktioniert nicht!« bedeutet eigentlich »Hoffentlich funktioniert das nicht! Ich habe Angst vor Veränderungen.« Erschwerend kommt hinzu, dass Lehrer, die etwas Neues ausprobieren wollen, größtenteils kaum eigene Erfahrungen mit dem gemacht haben, was ihnen vorschwebt. Ihnen fehlte und fehlt es an konstruktiven Vorbildern und entsprechenden Lern- und Lebenserfahrungen. Das hat zur Folge, dass sie in einem System, in dem ungewisse Ausgänge und Zeitverluste auf der Liste der Top-Schwerverbrecher stehen, in einer Zwickmühlendynamik stecken: Sofern sie sich und ihrem Pioniergeist treu bleiben wollen, müssen sie den Mut aufbringen, (unter ständiger Beobachtung) mitunter zeitaufwendige Experimente in Angriff zu nehmen und das mögliche Scheitern einzukalkulieren. Gleichzeitig dürfen sie sich aufgrund enger Vorgaben und einer insgesamt konservativen Fehlerkultur keine Fehler erlauben. Entgegen fortschrittlich anmutender Behauptungen und süßlicher Umschreibungen (»Oh, da hat sich wohl der Fehlerteufel eingeschlichen.« – »Aus Fehlern lernen wir!«) wird Fehlern beziehungsweise Fehlerbegehern an unseren Schulen nicht unbedingt der rote Teppich ausgerollt. Eher wird der Rotstift gezückt. Fehler müssen berichtigt werden, und Berichtigungen kosten Zeit.

Als ich an einer staatlichen Schule weilte, klärte mich der Schulleiter über seine Prioritäten auf: »Herr Reinke, interessant, was Sie da machen. Aber ich rate Ihnen, nichts Besonderes zu wollen. Wir wollen keine besondere Schule sein. Wir wollen ganz einfach einen guten Durchschnitt erzielen.« Anfangs war ich empört, später jedoch wurde mir klar, dass sich der Schulleiter mir gegenüber sehr fair verhalten hatte. Er hatte mir reinen Wein eingeschenkt. Eine Schulleiterqualität, die ich in der Vergangenheit an einigen Schulen vergeblich suchte. Vornehmlich an besonders besonderen Schulen nahm ich so manches Mal die Tendenz wahr, dass Schulleiter in der Öffentlichkeit mit wohlklingenden und werbewirksamen Werten warben, im Alltag jedoch nach ganz anderen Werten handelten. Eine Inkongruenz, die auf Dauer bis in die letzte Schulnische sickert.

Auch unter den Eltern macht man sich als reformwilliger Lehrer nicht immer Freunde, da sie befürchten, ihre Kinder würden als »Versuchskaninchen« missbraucht werden. Die meisten Eltern wollen auf der sicheren Seite sein. Viele Eltern begrüßen neue

Ansätze und Ideen oftmals nur unter der Voraussetzung, dass die Leistungen nicht leiden.

Gerade weil es für Lehrerpioniere so schwierig werden kann, müssten sie eigentlich aus allen erdenklichen Richtungen die größtmögliche Unterstützung bekommen. Sie müssten ihr Arbeitsumfeld als eine Art Mut-und Empathie-Tankstelle erleben, an der sie in stürmischen Zeiten mit Hilfe kompetenter Dialogpartner an den eigenen inneren Kompass erinnert würden. Sie müssten auf Schulleiter treffen, die sagen: »Du bist der Steuermann. Erinnere dich an deine Werte. Bleib auf deinem Kurs und vergiss nie: Vieles kannst du beeinflussen, das Wetter aber kannst du nicht machen.«

Ausgehend von dem Wunsch, mit Schülern und Eltern in eine gleichwürdige Beziehung gehen zu wollen, stehen heute viele Lehrer vor der architektonischen Herausforderung, einen Raum zu gestalten, in dem kein Platz mehr ist für traditionelle Gehorsamswerte. Ihnen schwebt ein Raum vor, der mehr ist als Länge x Breite x Höhe. Die alten Maßstäbe gelten nicht mehr. Linear-kausales Denken, Machtmissbrauch und Kontrolle werden des Raumes verwiesen und machen Platz für Flexibilität, Respekt und Vertrauen. Sie entwerfen einen Raumplan, der in einem Schul-Denkgebäude, in dem Menschen zum Schulbesuch gezwungen werden, im Prinzip nicht umsetzbar ist und dennoch seine Berechtigung hat. Ist das inkonsequent? Ja. Und aus meiner Sicht dennoch so wohltuend. Denn wenn zumindest der Lehrer in der Lage ist, entwürdigende Haltungen zu disziplinieren und antiquierte Denkhallen zu entrümpeln, verändert sich das gesamte Klima. Der Lehrer wird zum Raumgestalter und Gastgeber, das heißt, er übernimmt Verantwortung für die Raumatmosphäre, anstatt in starrer Haltung vorgefertigte Pläne abzuarbeiten. Er weiß: Das Wie entscheidet über das Was. Sinn kann fließen. Möge der Dialog beginnen.

»Das funktioniert nicht!«, höre ich manche Pädagogen sagen. »Nun bin ich meinen Schülern gleichwürdig begegnet, und trotzdem machen sie nicht, was ich will.«

Ich warne vor übereilten Schlussfolgerungen und unschlüssigen Erwartungshaltungen.

Und ich möchte einladen, nicht den zweiten vor dem ersten Schritt zu gehen. Solange wir (insgeheim) an traditionellen Gehorsamswerten festhalten, werden wir, obwohl wir doch ein vertrauensvolles Miteinander anbahnen wollten, implizit gesteuert von Angst und Misstrauen. Vor einiger Zeit traf ich auf einen schulischen Entscheidungsträger. Wir sprachen über die Frage, welche Führung Kinder und Erwachsene bräuchten. Im Laufe des Gesprächs erklärte er mir, was Vertrauen für ihn bedeute. Vertrauen, so setzte er an, hieße, darauf zu vertrauen, dass seine Mitarbeiter das machen, was er verlangt. Und wenn das nicht geschehe, müsse er die Zügel anziehen und das weitere Vorgehen der Angestellten überwachen. Schließlich müsse er von einem Vertrauensbruch ausgehen, den er – nicht zuletzt aufgrund seiner Rolle – zu ahnden habe. Ich glaube, nach dieser Losung sind viele von uns groß geworden: Vertrauen ist gut, Kontrolle ist besser. Wir mussten uns das Vertrauen unserer Eltern und später unserer Lehrer verdienen. Niemals andersherum. Selten bis nie sagte ein Erwachsener: »Ich habe den Eindruck, dass du mir nicht vertraust. Kannst du mir sagen, ob das stimmt und was ich tun kann?« Nein, das tat man nicht. Zu groß war die Angst davor, dass Kinder einem auf der Nase herumtanzen und den Respekt verlieren würden.

In den meisten unserer Schulen herrscht eine Misstrauens-Kultur. Selbst in denen, in denen wunderschön formulierte Konzepte von Vertrauen und Verantwortung sprechen. In etlichen freien Schulen schlagen sich Führungskräfte die Köpfe ein, weil sie mit alten Glaubenssätzen und Programmierungen Neues bewirken wollen. Mit einem »Du-Du-Du-Sturmgewehr« versuchen sie, die offensichtlich Fehlgeleiteten auf den richtigen Weg zu bringen. Und obwohl ich ein durchaus positiv gestimmter Mensch bin, muss ich sagen: Das kann nicht gelingen! Speziell jene, die sich aufschwingen, um neue Schulen zu gründen, will ich ermutigen, in den ersten »Koalitionsgesprächen« kein Wort über Pädagogik, Methodik, Didaktik, Finanzen und so weiter zu verlieren. Besonders am Anfang, aber auch später, wenn der Schulbetrieb bereits am Laufen ist, dürfen sich Verantwortliche (regelmäßig) fragen, von welchen Überzeugungen, inneren Antreibern, Glaubenssätzen, Werten und Bedürfnissen sie getragen sind. Und drei Fragen spielen an der Stelle eine sehr, sehr wichtige Rolle:

»Was heißt Vertrauen für mich?« – »Was heißt Vertrauen für dich?« – »Was heißt Vertrauen für uns?« – Und da sollte es nicht um »richtig« oder »falsch« gehen oder um eine Zwangsvereinheitlichung des Wertes Vertrauen. Eher um: »Interessant. DAS bedeutet Vertrauen also für dich ...«

Wenn wir mit einem verinnerlichten und unreflektierten Misstrauensvotum »neue« Schulen gründen oder Reformen installieren wollen, werden wir Ängste schüren und Gelingensgeschichten verhindern. In einem von Misstrauen vergifteten und von Gehorsam kontaminierten Schulkontext können wir uns die vermeintlich besten Konzepte überlegen und funkelnagelneue Reformen installieren. Sie werden langfristig keine reiche Ernte hervorbringen, weil weder wir Lehrer (und Eltern) noch Schüler unter Angst und Misstrauen wachsen und aufblühen können. Im Überlebensmodus versuchen Menschen ganz einfach zu überleben. Sind wir verhaftet in den archaischen Notfallprogrammen, können wir nur noch angreifen, fliehen oder erstarren. Das Ansinnen, neue Pfade zu beschreiten und die eigene Komfortzone zu verlassen, wird zum unüberschaubaren Wagnis, weil ungewohntes Terrain von ohnehin Verängstigten als bedrohliche Sperrzone wahrgenommen wird.

Fische im Ozean

Manche mögen meinen, ich würde übertreiben. Es gäbe kein schulisches Angstproblem, und ein bisschen Druck und Misstrauen schade ja nicht. Vertrauen ist schon gut, aber ... Nein, ich übertreibe nicht. Wir haben uns, ähnlich wie die beiden Fische, die durch den Ozean schwimmen und nicht wissen, was Wasser ist, so sehr an eine Umgebung gewöhnt, die von Misstrauen, Druck, Stress, Leistungen, Integritätsverletzungen, Konkurrenz, die Gewalt der Freundlichkeit (Jesper Juul15), Schulpflicht durchsetzt ist, dass wir unsere Ängste überhaupt nicht mehr wahrnehmen. Sie sind normal. Sie sind so normal und unauffällig, dass wir sie übersehen beziehungsweise im alten Sinne deuten.

Was wir in und an unseren Schulen bräuchten, ist nach meiner Ansicht zunächst einmal das nüchterne Eingeständnis einer sich stetig ausbreitenden Angstproblematik und die Bereitschaft, sich verantwortungsvoll mit der Frage auseinanderzusetzen, wie wir mit dieser Problematik zukünftig umgehen wollen. Und auch wenn wir anfangs keine konkreten Antworten finden sollten, täten wir gut daran, zumindest einen einigermaßen klaren Entschluss zu fassen. Zum Beispiel: »Wir brauchen einen anderen Umgang mit uns und unseren Ängsten als jenen, der sich auf den versierten Gebrauch der Werkzeuge ›Angreifen‹,

---

15 Juul, Jesper: Aggression. *Warum sie für uns und unsere Kinder notwendig ist.*

›Durchhalten‹ oder ›Ignorieren‹ beschränkt.«

Wie sehr wollen wir noch unter den Lasten unserer Ängste leiden? Warum fällt es speziell uns Lehrern so schwer zu lernen? Warum öffnen wir uns nicht gegenüber neurobiologischen Erkenntnissen über mögliche Auswirkungen von Angst auf Lernprozesse und Lebensqualität? Ich glaube, viele von uns haben Angst vor der Angst. Wir haben nicht nur Angst davor, unsere Gehorsams- und Entfremdungsgeschichte zu hinterfragen und das durchaus verunsichernde Risiko einzugehen, Implizites explizit zu machen. Wir ängstigen uns außerdem vor denen, die nach klassischem Rollenverständnis über uns stehen und uns für unser Aufbegehren bestrafen könnten. Wir sind alle mehr oder weniger mit dem Wert »Gehorsam gegenüber Autoritäten« groß geworden. Wir mussten gehorchen, um dazuzugehören. Wir mussten uns anpassen, um entwürdigenden Strafen zu entgehen. Wir mussten uns und unser Sosein verleugnen, um für die wertvoll zu sein, auf die wir angewiesen waren. Wir sind mit Angst groß geworden, und diese Angst sitzt uns im Nacken. Noch immer.

An unseren Schulen leiden ohnehin schon viele Menschen, aber man könnte zu der Auffassung gelangen, dass wir noch mehr Leidensdruck bräuchten, um zu der Erkenntnis zu gelangen, dass tiefgreifende und nachhaltige Veränderungen notwendig sind. Mit diesem Gedanken mag ich mich – auch vor dem Hintergrund meiner eigenen Geschichte – nicht recht anfreunden. Ich bin der Auffassung, dass allein die unfreiwillig und im Elend erworbene Erkenntnis, notwendige Veränderungen vornehmen zu müssen, nicht ausreicht, um ein wirkliches Wendemanöver zu wagen. An Wendepunkten brauchen wir Kraft und Kräftigendes. Je mehr wir leiden und uns von Ängsten vereinnahmen lassen, desto weniger sind wir in unserer Kraft.

Wenn Lehrer am Ende ihrer Kraft sind und sich bedroht fühlen, laufen sie Gefahr, mit einer Art Zeitmaschine in Richtung Kindheit zu düsen (Altersregression) und reflexartig die in jungen Jahren erlernten Überlebensstrategien zu nutzen. Während einige laut herumschreien, weinend aus dem Klassenraum rennen oder vor Angst erstarren, kämpfen andere ums Überleben, indem sie gesellschaftlich akzeptierte und professionell anmutende Geschütze auffahren. Sie verteidigen sich im Namen von Regeln, Moral und Rechtsstaatlichkeit und wirken rollenbedingt unangreifbar. Lehrer, denen es schlecht geht, bemerken oft nicht, dass sie sich sehnen nach Beachtung, Respekt, Empathie, Zugehörigkeit, Autonomie. Sie geben ihren Bedürfnissen andere Bezeichnungen. Zum Beispiel:

»Diese Schüler von heute ...!«
»Eltern erziehen ihre Kinder nicht mehr!«
»Politiker wissen doch gar nicht, wie es an der Basis ist.«

Viele Lehrer sind so dermaßen außer sich, dass sie ihr Elend und das Elend ihrer Schüler nicht bemerken beziehungsweise für normal halten. Das Leben ist nun mal keine Wellness-Oase. Wenn Lehrer aus dem letzten Loch pfeifen – und ich glaube, DASS viele Lehrer aus dem letzten Loch pfeifen (und ganz viel Wellness bräuchten) – werden junge Menschen auf Dauer ganz sicher nicht fröhlich pfeifend Richtung Schule tänzeln. Schüler kooperieren mit den Stimmungen ihrer Lehrer, und es wäre fatal, von jungen Menschen Begeisterung und Motivation zu erwarten, während Lehrer entkräftet ins nächste Wochenende taumeln. Jeder kann sich selbst fragen, an welche Lehrer er oder sie sich gerne erinnert und warum. Waren es die Lehrer, die permanent über die eigenen Grenzen hinausgingen, sich bis zur totalen Erschöpfung verausgabten und das letzte Hemd für »eine gute Sache« hergaben?

Herr Domke

Einer meiner Lieblingslehrer hieß Herr Domke. Herr Domke wirkte tiefenentspannt, interessierte sich für uns, vermittelte dabei jedoch nie den Eindruck, uns »retten« zu wollen. Nicht etwa, weil wir nicht zu retten gewesen wären, sondern weil er in uns keine Schiffbrüchigen sah. Sein Unterricht glich nicht gerade einem Methodenfeuerwerk, allerdings war er in der Lage, eine angenehme Stimmung zu verbreiten. Auf uns Schüler wirkte er beruhigend, weil er nie hektisch wurde und zu wissen schien, was er wollte. Während er sich »mit Augenmaß« engagierte, schien er seine persönlichen Grenzen nie zu missachten und Schule nicht zu ernst zu nehmen. Seine ganze Körpersprache strahlte Sicherheit und Ruhe aus. Wir Schüler arbeiteten die meiste Zeit an unseren Aufgaben, während er in lässiger Haltung aus dem Fenster schaute (Lehrer dürfen das ...). Manchmal fing er plötzlich an, irgendeinen Blödsinn zu erzählen. Legendär waren seine völlig unsinnigen Geschichten über Möwen, die draußen vor dem Fenster flogen. Sehr ernst sprach er dann über das Schicksal verheirateter, verlassener, melancholischer, neurotischer oder kluger Möwen, bis er sich vor Lachen ausschüttete. Herr Domke war gerne mit uns zusammen. Er sah uns und war offensichtlich einverstanden mit dem, was er sah. Und während er uns sah, übersah er sich und seine Grenzen nie. Er blätterte lieber in seiner mitgebrachten Zeitung, als mit drohendem Blick das Notenbuch durch die Luft zu schwenken. Er vertraute. Wir vertrauten. Vertrauen tut so gut.

Herr Domke war für uns eine Art Vertrauensleh-
rer und die gemeinsame Lernzeit eine Form von »Ver-
trauensBildung«.

Wertsteigerungsprogramme

Wir treffen heute vermehrt auf Lehrer, die sich besinnungslos arbeiten. Während sie sich schweren Schrittes und angetrieben von einem Bündnis aus inneren und äußeren Antreibern Richtung Burnout zubewegen, ernähren sie sich vom Lob ihrer Stellvertreter-Eltern und freuen sich (insgeheim) wie kleine Kinder, wenn sie alles richtig gemacht haben. Erst dann gestatten sie sich, erschöpft zu sein. Viele Lehrer bemerken nicht, dass sie unentwegt versuchen, ihren Mangel an Selbstwertgefühl zu kompensieren. Sie nutzen die in jungen Jahren angebahnten Autobahnen. Als Kinder und Jugendliche lernten sie, dass sie nicht »einfach so« wertvoll waren. Sie mussten sich – lange bevor sie als Frau Ida Becht und Herr Jan Heinze vor Klassen standen – ihren Wert mit Hilfe von erwarteten Kooperationsleistungen verdienen. Wie alle Kinder auf diesem Planeten hatten sie das Bedürfnis, für die wichtigen Erwachsenen in ihrem Leben wertvoll zu sein. Die kleine Ida und der kleine Jan strengten sich mächtig an, und im Laufe der Zeit stellten sie fest, dass sie es nur richtig machen müssten, um richtig zu sein. Gelang es ihnen nicht, dem Profil eines »richtigen« Kindes zu genügen, waren sie nicht wertvoll. Liebesentzug, Isolation, Gefühlsarmut, Grenzüberschreitungen, enttäuschte Erwachsene, selbstsanktionierende Gedanken waren die Folge. Gefühle wie Schuld, Angst und Scham begleiten sie seit dieser Zeit unentwegt. Wer dreißig oder vierzig Jahre lang mit schlechtem Gewissen aufgewacht ist, kann sich kaum vorstellen, dass es auch anders gehen kann. Heute sind Ida Becht und Jan Heinze Lehrer. Berufstätige Menschen, die noch immer von der Grundsatzfrage herumkommandiert werden: »Was muss ich tun, und wie muss ich sein, um richtig zu sein?«

Die wichtigsten Glaubenssätze ihrer anerzogenen Wertsteigerungsprogramme lauten:

»Ich darf nicht aufgeben – ich muss mehr geben.«

»Ich muss andere zufrieden machen.«

»Ich bin richtig, wenn ich so bin, wie ich sein sollte.«

»Ich darf keine Schwäche zeigen, mir keine Blöße geben.«

»Ich muss meinen Wert als Mensch unter Beweis stellen.«

»Ich darf mich nicht zu wichtig nehmen!«

»Was wohl die anderen denken?«

Lehrer, die (unbewusst) identifiziert sind mit der Idee, sich ihren Wert als Menschen verdienen zu müssen, sind (unbewusst) darauf angewiesen, Beweise zu erbringen, und das sind im Schulkontext zuallererst fleißige, erfolgreiche, angepasste Schüler. In diesem Konstrukt droht der Schüler, zum Projekt unbewusster Lehrer-Beachtungsstrategien zu werden. Die Beziehung zwischen Lehrer und Schüler verkommt zwangsläufig zur Objekt-Objekt-Beziehung: Der Lehrer macht sich selbst zum Objekt konservierter Erwartungen und benutzt den Schüler, um Bestätigung von außen zu erhaschen.

In Unkenntnis dessen, was sich auf der eigenen existentiellen Ebene abspielt (beziehungsweise dass sich überhaupt etwas auf der existentiellen Ebene abspielt), bleiben viele Lehrer im Laufe ihrer beruflichen Laufbahn verhaftet in alten, destruktiven Programmen und bedienen bis zum Eintritt ins Rentenalter die Erwartungen längst verstorbener Vorbilder und all ihrer Stellvertreter. Etliche Lehrer haben ein massives Problem auf der Ebene des Selbstwertgefühls und versuchen, dressiert, wie sie sind, Lösungen auf der Ebene des Selbstvertrauens zu finden, das heißt über Leistungen und Fertigkeiten in bestimmten Disziplinen. Unterschwellig übernehmen Schülerleistungen die Funktion, den Lehrer aufzuwerten.

Spreche ich mich gegen Leistungen aus?

Nein, mir ist nur sehr wichtig, dass wir Heranwachsenden nicht vorleben und vorgaukeln, Menschen könnten sich ihren Wert als Menschen über Fach- und Anpassungsleistungen verdienen. Unser Dasein und unseren Wert als Menschen können wir uns nicht verdienen.

Wir Lehrer dürfen lernen, uns selbst wahr- und anzunehmen. Erst wenn wir uns als die »sehen«, die wir sind, können wir uns öffnen für den Gedanken, dass die, die wir für gewöhnlich Schüler nennen, vor jeder

Zuschreibung Menschen sind. Wesen, deren Wert und Existenzberechtigung an keine Bedingungen geknüpft sind und geknüpft sein dürfen. Junge Menschen brauchen von uns Lehrern das Gefühl, auf der existentiellen Ebene gefühlt und gesehen zu werden, ohne in Vorleistung gehen zu müssen. Nach meiner Einschätzung fühlen sich junge Menschen in gleichwürdigen Beziehung am wohlsten. Wenn sie spüren, dass ihre Grenzen, Gefühle, Bedürfnisse und Werte genauso wichtig sind wie die der Erwachsenen – was wiederum voraussetzt, dass Erwachsene IHRE Grenzen, Gefühle, Bedürfnisse und Werte ernst nehmen – werden sie sich intensiver und angstfreier auf Lernprozesse einlassen können. Daraus sollte man jedoch keine Taktik ableiten. Gemäß dem Motto: »Wenn ich als Lehrer in eine gleichwürdige Beziehung mit meinen Schülern gehe, werden sie bessere Leistungen erzielen.« Schon Goethe meinte: »So fühlt man Absicht, und man ist verstimmt.«

Beziehungskompetenz ist kein Mittel zum Zweck, keine Methode, um Kinder und Jugendliche zum Lernen zu bekommen, keine Handreichung für harmoniesüchtige Lehrer. Schüler spüren sehr genau, mit welchen Haltungen und Absichten Lehrer auf sie zu- und eingehen. Die Pointe ist nun aber, dass sich Menschen dann optimal auf neue Lernerfahrungen einlassen können, wenn sie sich in den wichtigen Beziehungen gefühlt fühlen. Beziehungspflege ist die günstigste Voraussetzung, um sinnvolles Lernen zu ermöglichen. Zusatz: Vorausgesetzt, die Beziehungen werden nicht gepflegt, DAMIT junge Menschen Lehrpläne abarbeiten.

Sehen und Individualität

»Einmal in einer Deutschstunde haben wir über irgendein Thema geredet. Ich hatte keine große Lust, aufzuzeigen und mich zu beteiligen, obwohl ich durchaus etwas beizutragen gehabt hätte. Ein Klassenkamerad hatte etwas gesagt, worüber ich die Stirn runzelte. Meine Lehrerin Frau Gutsche[16] sah das und fragte mich, was ich dazu denke. Ich werde das nie vergessen. Sie hat MICH gesehen, hat gesehen, was in mir vorgeht und mich einbezogen. Sie hat mir den Eindruck vermittelt, dass sie schätzt, was ich zu sagen habe. Das war ein wirklich tolles Erlebnis.«

Lisa Kochan, Bibliotheksassistentin

Wir sehen Kinder und Jugendliche nicht, wie sie sind, sondern wie wir sie sehen. Das ist ein riesengroßer Unterschied. Unser heutiges Sehen ist immer beeinflusst von vergangenen Erfahrungen. Von Erfahrungen, die Gedächtnisspuren hinterließen. Unser Gehirn passt sich an Erlebnisse an, indem es neue Neuronenverbindungen herstellt. Demzufolge nehmen Erfahrungen Einfluss auf unsere Biologie. Nur ein Prozent von dem, was wir sehen, erreicht uns über die Netzhaut. Neunundneunzig Prozent von dem, was wir sehen, kommt aus unserem Gedächtnis.[17] Ich

---

16 Lisa Kochan bat mich ausdrücklich darum, dass der Name ihrer ehemaligen Lehrerin genannt wird. Ich hielt das für eine gute Idee und hoffe, dass es für Frau Gutsche in Ordnung ist ...

17 Siegel, Daniel J.; Hartzell, Mary: *Gemeinsam leben, gemeinsam wachsen. Wie wir uns selbst besser verstehen und unsere Kinder einfühlsam ins Leben begleiten können.*

frage mich ständig, wen oder was wir Lehrer eigentlich sehen. Klar ist: Jeder Lehrer sieht seine Schüler anders. Klar ist auch: Im Zeitalter von Individualisierung und (Früh-) Förderung sehen Lehrer ganz genau hin, um ihrem etwas verworrenen Auftrag gerecht werden zu können. Sie beobachten, sie diagnostizieren, sie bewerten, sie bespitzeln, sie erspähen, sie nehmen unter die Lupe, sie analysieren, sie betrachten, sie übersehen, sie schätzen ein, sie individualisieren ...

Wie mag es unseren Schülern gehen, wenn sie immerzu und vor dem Hintergrund fester Normen beobachtet, diagnostiziert, bewertet, bespitzelt, erspäht, unter die Lupe genommen, analysiert, betrachtet, übersehen, eingeschätzt, individualisiert werden? In Anlehnung an ein Zitat von Wolf Büntig habe ich versucht, ein Kerndilemma heutiger Schüler einzukreisen. Aus Schülersicht:

»Wenn ich erfahre, du siehst mich, wenn ich normal bin, und deswegen bin ich normal, dann kannst du mich nicht mehr sehen, wie ich bin, denn du siehst mich ja dann nicht meinetwegen, sondern für das, was ich dir vorspiele – das ist ein hoffnungsloses Unterfangen.«[18]

18 Das Originalzitat:»Wenn ich erfahre, du liebst mich, wenn ich lieb bin, und deswegen bin ich lieb, dann kannst du mich nicht mehr lieben, wie ich bin, denn du liebst mich ja dann nicht meinetwegen, sondern für das, was ich dir vorspiele – das ist ein hoffnungsloses Unterfangen.« (vgl. Büntig, Wolf: *Das Geschenk des Lebens,* in: Mühleisen, Hans-Otto (Hg): *Das Mögliche verwirklichen. Perspektiven der Humanistischen Psychologie.*)

Nun könnten wir ja durchaus feststellen, dass wir Lehrer im Vergleich zu früher doch schon ganz anders und vor allen Dingen intensiver auf Schüler blicken und immer mehr Schulen Alternativen zum klassischen Frontalunterricht anbieten. Ich begrüße diese Entwicklungen, sehe vieles von dem, was heute an »modernen« Schulen wie gemacht wird, allerdings mit kritischen Augen. Der Begriff »Individualität« geistert – wie etliche andere Begriffe – durch unsere Bildungslandschaften und verspricht Wunder. Ich glaube hingegen, dass unser schulisches Durchschnittsverständnis von Individualität und Individualisierung nicht nur ein großes Missverständnis ist, sondern ein wesentlicher Grund, weswegen Lehrer gehäuft an ihre persönlichen Grenzen geraten und krank werden.

Als Lehramtsstudent schlich ich nach unglaublich vielen Semestern dann doch eines Tages zur Examensprüfung. Im Gepäck hatte ich – wie einst in der Schule – viel Auswendiggelerntes. Ein Satz war mir besonders wichtig, denn mit diesem würde ich bestimmt punkten:

»Individualisierung ist das kardinale Prinzip aller Grundschularbeit.«

Ich punktete.

Aus Auswendiggelerntem wurden Überzeugungen, und so setzte ich in den ersten Jahren meiner Lehrerlaufbahn alles daran, dem kardinalen Prinzip aller Grundschularbeit zu dienen. Ich individualisierte.

Ich individualisierte bis zum Anschlag ...

... und wurde krank.

Wenn ich heute an den jungen Kerl denke, der seine Wochenenden damit zubrachte, individuellen Unterricht vor- und nachzubereiten, wird mir schlecht und ich möchte ihm zurufen:

»Schluss jetzt! Deine Idee ist bescheuert. Individuen sind Individuen. Da musst du nichts und niemanden individualisieren.«

Ich bin sehr dafür, dass wir der Individualität unserer Schüler gerecht werden. Jedoch sollten wir uns, bevor wir uns ans Werk machen, unbedingt darüber austauschen, mit welchen Vorstellungen von Individualität wir Schule gestalten und gestalten wollen. Die Koalition aus Machbarkeitswahn und Individualisierung gehört für mich zu den gefährlichsten Schulkrankheiten der heutigen Zeit! Menschen sind einzigartige, komplexe, sich selbst regulierende, emergente, nicht zu berechnende Systeme. Wir Lehrer, als Vertreter einer Institution, die größtenteils bunt verzierte und pädagogisch aufgehübschte Kontrolle ausübt, meinen, das Lern- und Lebens-Zepter unserer individuellen Schüler in die Hand nehmen zu können und zu müssen. Sowohl in Traditionsschulen als auch in alternativen Schulen bedeutet Individualisierung für gewöhnlich, unterschiedliche Wege zu gehen, um die für alle verbindlichen Ziele zu erreichen.

Die Schule der Tiere

Wer kennt es nicht, das Bild mit dem Titel »Die Schule der Tiere«? In einer Reihe sind angetreten: Vogel, Affe, eine Art Ente, Elefant, Fisch und Hund. Sie blicken auf einen Lehrer, der folgende Instruktion gibt: »Zum Ziele einer gerechten Auslese lautet die Prüfungsaufgabe für Sie alle gleich: Klettern Sie auf den Baum!«

Vor einiger Zeit schrieb ich einige Gedanken zu diesem Bild:

Wenn wir nicht aufpassen und einfach so weitermachen wie bisher, stehen die Kollegen Affe, Vogel und Co. selbst eines Tages, nachdem sie über Jahre genötigt wurden, im Namen von Chancengleichheit und Vergleichbarkeit Baumkronen zu erreichen, vor Schulklassen, um Fische und Elefanten zu Baumkletterern zu machen. Es sollte nicht unerwähnt bleiben, dass zumindest Fisch und Elefant den Lehrerberuf (und viele andere Berufe) wohl nicht ergreifen werden, weil sie trotz aller Bemühungen und Förderprogramme den Baum niemals besteigen werden. Schade eigentlich, denn auch Elefant und Fisch sehen so aus, als könnten sie in unserer Schullandschaft eine Menge bewegen.

Wie sehen denn eigentlich meine Elefanten, Affen und Fische aus?

Ich schau mal nach ...

Da ist Leo. Leo ist ein phantastischer Fußballer und rennt mit hochrotem Kopf über den Fußballplatz. Brit gleicht irgendwie einer Fee. Mit zerzaustem Haar und nach innen gerichteten Augen sitzt sie in einer ruhigen Ecke und entschwindet malend in ihre ganz eigene Welt. Dort hinten steht Martin inmitten einer Gruppe lachender Kinder. Mal wieder erzählt er einen Witz, über den sich seine Freunde köstlich amüsieren. Martin verfügt über ein ganz besonderes Talent: Er bringt andere – übrigens auch mich – zum Lachen. Eher unauffällig schlendert Stefanie über den Schulhof. Sie scheint sich Gedanken zu machen. Sie macht sich ständig Gedanken. Es gab deswegen schon Gespräche. Jetzt aber, da ich sie so sehe, habe ich den Eindruck, dass sie ihre Gedanken ganz einfach denken will. Vielleicht schreibt sie ja eines Tages ein Buch mit dem Titel »Schulhofgedanken«. Wer weiß?

Ich würde Leo, Brit, Martin und Stefanie gerne das Angebot machen, den Baum zu besteigen. Schließlich habe ich selbst die Erfahrung gemacht, dass es auf Bäumen richtig schön sein kann. Allein die Aussicht ... Aber will ich sie zwingen? Nein, zwingen will ich sie nicht. Warum sollte ich?

Während ich mir das Bild anschaue, schweifen meine Gedanken weiter ab. Irgendetwas stimmt mit dem Lehrer auf dem Bild nicht. (Ja, ja. Ich weiß schon: Mit dem stimmt einiges nicht ... :-) Ich meine etwas anderes. Der Lehrer sieht auf dem Bild so aus, als wäre er einverstanden. So als würde er nichts lieber wollen, als seine unterschiedlichen Schüler auf den Baum zu schicken. Und ich glaube, dass das so nicht richtig ist.

Viele, insbesondere junge Lehrer sind überhaupt nicht einverstanden mit der Art und Weise, wie die Idee Schule heute im Durchschnitt gedacht und umgesetzt wird. Sie wollen weder Dressur, noch ungerechte Chancengleichheit. Jedoch arbeiten sie zumeist an Schulen, an denen das erste Gebot lautet: »Alle müssen auf den Baum!« *Alle Tiere auf den Baum zu hieven, kann für Lehrer unglaublich ermüdend sein. Besonders dann, wenn sie der komplett unsinnigen Doktrin dienen, ALLEN Tieren individuelle Möglichkeiten zum Erreichen der Baumwipfel zur Verfügung stellen zu müssen. Das neue Zauberwort lautet: Individualisierung. Der moderne Lehrer differenziert und besorgt auf das einzelne Individuum zugeschnittene Fördermaterialien. Damit Tiere die Chance bekommen, irgendwie auf den Baum zu gelangen, organisiert der fortschrittliche Lehrer – bevorzugt außerhalb seiner regulären Arbeitszeit – Seil, Leiter, Fahrstuhl, Kran, Flaschenzug und so weiter. Manchen Tieren gelingt es trotz aller Bemühungen und Fördermaßnahmen dennoch nicht, den Baum zu erklimmen. Sie fallen runter, sie fallen durch, sie fallen auf. Aber glücklicherweise kann auch den Gefallenen geholfen werden. In* ›besonderen‹ *Klassen werden Schildkröte, Delfin, Krokodil und Strauß aufgefangen und darauf vorbereitet, ...*

... einen (nun etwas kleineren) Baum zu besteigen.

Übrigens: Selbst, wenn es Lehrern gelänge, eine herausragende Baum-Besteigungs-Quote zu erreichen (was von offizieller Seite übrigens nicht wirklich ge-

wollt ist[19]) – was in Gottes Namen sollen Fische oder Krokodile auf einem Baum?

Um im Bild der Tiere zu bleiben: Lehrer sind heute größtenteils arme Schweine. Sie verschleißen sich an einem Auftrag, der schon allein aufgrund unserer Natur nicht zu erfüllen ist und bekommen von allen Seiten auch noch gesagt, dass sie irgendwie ziemlich doof und faul sind. Kein Wunder, dass immer weniger junge Menschen den Lehrerberuf ergreifen wollen.

Leidtragende des Baumschul-Szenariums sind ...

... Lehrer, weil sie alles Mögliche und Unmögliche tun, um einem Auftrag gerecht zu werden, dem sie nicht gerecht werden können.

... Eltern, weil sie ihre individuellen Kinder darin unterstützen sollen, auf ganz individuelle Weise vorgegebene Ziele zu erreichen.

---

19 In Bayern geriet die Grundschullehrerin Sabine Cserny vor einiger Zeit ins Rampenlicht, da ihre Schüler regelmäßig überdurchschnittliche Noten bekamen. Cserny wurde angewiesen, auch in ihrem Unterricht die Noten *mangelhaft* und *ungenügend* zu erteilen. Nachdem Sabine Czerny ihrem Unterrichtsstil treu blieb und der Notendurchschnitt weit über der Norm lag, wurde sie strafversetzt, da »der Schulfriede nachweislich und nachhaltig gestört« sei. Auf der Suche nach einem möglichen Motiv ging der »Spiegel« der Frage nach, ob Lehrern nicht insgeheim zusätzlich zum Bildungsauftrag ein »Sortierauftrag« zugewiesen werde. Die Lehrer, so der »Spiegel«, seien »die Türwächter für das Gymnasium«. Siehe: http://www.spiegel.de/lebenundlernen/schule/strafversetzt-wegen-guter-noten-grundschul-rebellin-erhaelt-courage-preis-a-628411.html.

... Kinder, weil ihre Individualität dem kardinalen Prinzip aller (Grund-)Schularbeit zum Opfer fällt ...

Ich erinnere mich an meinen ehemaligen Schüler Patrick, der mich lehrte, dass individuelle Begabungen manchmal erst dadurch zur Geltung kommen, dass Kinder und Jugendliche nicht baumkompatibel gemacht werden. Hätte ich Patrick auf den Baum gezwungen, hätte er sich sehr wahrscheinlich benommen wie die berühmte »Axt im Walde« ...

Patrick

In vielen Schulen werden nur bestimmte, zumeist lehrplankonforme und fachspezifische Fähigkeiten wirklich ernst genommen und (individuell) gefördert. Darüber, was in unseren Breitengraden als »wirklich wichtige« Fähigkeit angesehen wird, entscheiden in erster Linie traditionelle Überzeugungen, Lehrpläne und nicht zuletzt marktwirtschaftliche Interessen. Ich glaube, wenn wir uns ernsthaft der Frage zuwenden, welche Herausforderungen in zehn Jahren (man könnte auch sagen: in fünf Minuten) auf uns warten (könnten), müssten wir zu der Einsicht gelangen, dass nicht ausschließlich klassische Fachkompetenzen und das in unseren Schulen provozierte Konkurrenzdenken ein lebenswertes und friedliches Miteinander ermöglichen werden, sondern in erster Linie Empathie, persönliche/soziale Verantwortung und die Bereitschaft zum Dialog. Ich sage ja nicht, dass junge Menschen keine Fachkompetenzen erlangen sollten. Allerdings müssen wir uns Gedanken darüber machen, welche Werte wir (zukünftig fachkompetenten) Kindern und Jugendlichen vorleben und anbieten. Hervorragende Mathematiker, Rhetoriker oder Naturwissenschaftler können durchaus Unheil anrichten, wenn sie in einer Welt aufwachsen, in der es darum geht, sich gegen andere durchzusetzen und sich auf Kosten anderer zu bereichern. Am Rande sei erwähnt, dass unsere Lehrpläne von uns Lehrern NICHT verlangen, aus Kindern egozentrische und gewinnsüchtige Menschen zu machen. Unsere Lehrpläne beschreiben durchaus mitmenschliche Werte. Das wollen nicht immer alle wahrhaben, aber so ist es.

An unseren Schulen werden so unglaublich viele junge Menschen missverstanden und falsch eingeschätzt. Das ist sowohl für den einzelnen Menschen als auch für die Gemeinschaft extrem belastend. Nach meiner Einschätzung verfügen gerade die, die nach üblicher Schul-Denkart durchs Raster fallen und aussortiert werden, sehr oft über besonders ausgeprägte mitmenschliche Fähigkeiten. »Und warum benehmen die sich dann so unmöglich?« Weil sie nicht »gesehen« werden, weil sie unter einem unsäglichen Druck stehen, weil sie gelernt haben, sich gegen Integritätsverletzer zu verteidigen. Ihr »unmögliches Benehmen« ist eine Kooperationsleistung.

Patrick galt als unbeschulbar, als er in die fünfte Klasse unserer Schule kam. Seine letzte Chance, so hieß es. Er glich einem Pulverfass. Ein »falscher« Blick reichte, um ihn zum Explodieren zu bringen. Ich hatte keine Ahnung, wie ich auf ihn zugehen sollte. Also ging ich auf ihn zu und sagte: »Patrick, ich hab' keine Ahnung, wie ich am besten auf dich zugehen kann. Hast du eine Idee?« – »Mir geht Schule komplett auf den Sack. Wer mir blöde kommt, bekommt was aufs Maul! Lassen Sie mich einfach in Ruhe, wenn ich meine Ruhe haben will.« Da wusste ich, woran ich war. Ich entgegnete: »Ich mach' dir ein Angebot. Du bekommst die Ruhe, die du brauchst. Wenn du merkst, dass du gestresst bist und alleine sein willst, gehst du aus dem Klassenraum. Ich vertraue darauf, dass du draußen keinen Mist baust. Wenn du reden willst, gib mir ein Zeichen. Und jetzt sage ich dir, was ich will.

Ich will, dass du meine Schüler in Ruhe lässt. Deal?«
– »Ja.«

Nach wenigen Wochen und einigen Faustkämpfen wirkte Patrick wie ausgewechselt. Er fing an, Gitarre zu spielen und eigene Texte zu vertonen. Er engagierte sich im Klassenrat, setzte sich für »schwächere« Schüler ein, übernahm Verantwortung in Krisenzeiten. Und er widersprach! Auch mir, dem Lehrer. Klasse Typ! Tolle Geschichte, aber ...

Jede Geschichte ist individuell, und ich weiß, dass Patricks Geschichte anders ist als all die anderen Geschichten, die sich jeden Tag an unseren Schulen zutragen. Es gibt andere Patricks (und Patrizias), die das beschriebene Vertrauensangebot dankend annehmen, den Klassenraum verlassen und alles kurz und klein schlagen. Jeder Lehrer arbeitet unter einzigartigen Bedingungen mit einzigartigen Schülern und Kollegen. Ich hatte damals, als ich auf Patrick traf, den großen Vorteil, mit einer Schulleiterin zusammenarbeiten zu dürfen, die meine Haltungen und Vorgehensweisen unterstützte. An einer klassischen Schule hätte ich möglicherweise einen sonderpädagogischen Förderbedarf im Bereich »Lehrerverhalten« bekommen. Verhaltensauffälligen Schülern Vertrauen entgegenbringen? Der ist wohl verrückt geworden ... Nur: Was wäre die Alternative gewesen? Hätte ich Patrick nach der Devise abgefertigt »Gerecht ist, wenn alle gleich behandelt werden ...«, wäre er ausgerastet. Davon bin ich zumindest überzeugt.

Unzählige hoch begabte (also im Prinzip alle ...[20]), besonders feinfühlige und auffällig auffällige junge Menschen brauchen meiner Meinung nach keine »letzte Chance«, kein Ritalin, keinen Sonderstatus, keinen sonderpädagogischen Förderbedarf, um die in ihnen angelegten Potentiale entfalten zu können. Sie brauchen Herausforderungen, an denen sie wachsen können und Erwachsene, die angesichts herausfordernder Situationen Sicherheit ausstrahlen, Vertrauen aufbringen, sich mit Integrität verhalten.

Neulich fragte mich eine Kollegin von der Universität, was nach meiner Auffassung eine moderne Schule im Kern ausmache. Ich antwortete, dass neben all dem Sichtbaren der wohl wichtigste Ansatzpunkt darin liege, sich als Lehrer seiner Verantwortung für die Qualität der Beziehungen bewusst zu werden. Es dürfe Lehrern nicht mehr darum gehen, Schüler durch Fremdeinwirkungen und institutionell abgesegnete Grenzüberschreitungen »auf den richtigen Weg« zu bringen. Vielmehr sollten sich Lehrer als konstruktive Rollenmodelle zur Verfügung stellen, ihren Schülern gleichwürdig begegnen und optimale Rahmenbedingungen schaffen, innerhalb derer junge Menschen entsprechend ihrer Potentiale gedeihen können.

Ob ich damit durchkomme, fragte sie mich. Was, so fragte ich zurück, meine sie damit. Nun, führte sie

---

20 Hüther, Gerald; Hauser, Uli: *Jedes Kind ist hoch begabt. Die angeborenen Talente unserer Kinder und was wir aus ihnen machen.*

fort, ob es denn »so« möglich sei, sich durchzusetzen. Ich weiß ehrlicherweise nicht mehr, was ich darauf geantwortet habe. Der Punkt ist: Ich habe die Nase voll davon, mich durchsetzen zu sollen. Gegen wen oder was denn überhaupt? Mir ist schon klar, dass ich als erwachsene Führungskraft klar machen muss, wer ich bin, wofür ich stehe und was ich will. Aber es ist ein riesengroßer Unterschied, ob ich mich als persönliche Autorität zu erkennen gebe oder aber auftrete wie ein strafender Gott. Schule sollte keine Gegenbewegung sein, kein Kampf gegen Windmühlen, sondern ein Ort, an dem junge Menschen eingeladen werden, mit Hilfe neugieriger, lern- UND konfliktbereiter Lehrer Segel zu setzen.

Abgesehen davon, dass es aus meiner Sicht nicht möglich ist, vollkommen unterschiedliche Menschen gleich zu behandeln, ist die Idee einer scheinbaren Gleichbehandlung ganz gewiss nicht gerecht. Wir sind zu unterschiedlich, als dass wir gleich behandelt werden könnten. In Seminaren kommt an dieser Stelle gerne das Bankräuber-Beispiel, das mit dem Ausspruch endet: »Vor dem Gesetz sind ja auch alle gleich!« Ich glaube, die beste Möglichkeit Menschen davor zu bewahren, kriminell zu werden, besteht darin, sie zu »sehen«, anstatt sie im Namen von Gleichbehandlung und Fairness zu ignorieren, zu unterwerfen und zu bestrafen. Unzählige Menschen fühlen sich heute ungerecht behandelt. Sie ärgern sich maßlos über die, die »da oben sitzen« und über die »kleinen Leute« bestimmen. Sie sind wütend auf die, die nicht nur darüber bestimmen, was gerecht ist und was nicht, sondern aufgrund ihrer Herkunft, ihres Einflusses, ihres Geldes und ihrer Macht doch irgendwie »gleicher« sind als die Gleichen. Wenn die »Kleinen« Fehler machen, werden sie belangt, bestraft, suspendiert. Die »Großen« jedoch erhalten fette Abfindungen und wandern in den nächsten Vorstand. Das ist die Botschaft, die viele Menschen heute abgespeichert haben. Die Folge: Sie wenden sich ab, sie grenzen sich ab, sie reagieren sich ab. Wir leben in einer gefährlichen Zeit, weil schablonenhafte Feindbilder unser Land überziehen und Menschen mit anerzogenen Minderwertigkeits- und Kleinheitsgefühlen ein starkes Wir-Gefühl ermöglichen. Sie ziehen mit auf Transparenten fixierten Anklageschriften durch die Straßen und finden endlich die Beachtung, die sie als »die Kleinen« nicht bekamen. Weil die meisten »Kleinen« aber gelernt haben, klein zu sein und sich strafenden und starken Autoritäten unterzuordnen, suchen sie, um sich gegen ungerechte Autoritäten aufzulehnen, nach (ge)rechten Autoritäten und Größen.

Wir sollten insbesondere in der Schule junge Menschen einladen und ermutigen, ihr Anderssein und das Anderssein anderer nicht als Hindernis oder gar Schreckensgespenst, sondern als Geschenk zu erfahren. Wir müssen unseren Schülern Gelegenheiten geben, ihr Leben auf der Basis von freundlicher Selbstannahme und einem starken Selbstwertgefühl selbst in die Hand zu nehmen. Ohne – und das will ich im Speziellen denen anbieten, die aus Furcht vor Egozentrikern kategorisch Grenzen, Konsequenzen und Anpassung einfordern – die Individualität anderer in Frage zu stellen. Ich glaube, dass in uns Menschen die Fähigkeit zur Empathie und zum inklusiven Miteinander wesensgemäß angelegt ist. Unsere Aufgabe als Lehrer ist es nicht, Potentiale zu machen. Unsere Aufgabe ist es, Potentiale anzuregen. Weniger über klassische Erziehung, als über die Art und Weise, wie wir sind. Wir sind die Vorbilder, und wir müssen uns fragen: Wollen wir, dass unsere Schüler durch uns ihr Potential zur Unterwürfigkeit, Verantwortungslosigkeit und zum Konkurrenzkampf entdecken, oder wollen wir, dass sie an unserem Vorbild lernen, gut auf sich und andere zu achten?

Menschen, die gelernt haben, sorgsam mit sich und anderen umzugehen, sind psychosozial gesünder als jene, die gelernt haben, die eigenen Grenzen beziehungsweise die ihrer Mitmenschen zu missachten. Und Gesundheit ist ansteckend.

Psychosozial gesunde Menschen können ihr »Nein« und ihr »Ja« respektvoll kommunizieren. Sie verfügen über ein stabiles Selbstwertgefühl, das heißt, sie haben sich mit sich selbst bekannt gemacht und wissen ihre Selbsterkenntnisse zu verantworten. Psychosozial gesunde Menschen nutzen ihre Aggressionen konstruktiv. Mit Hilfe ihrer Aggressionen (»adgredi«: unter anderem Hingehen, sich annähern, ansprechen, Geschäfte anpacken und beginnen) gehen sie auf das zu, was nährt. Sie gehen weg von dem, was schadet, und sie gehen gegen das an, was Integrität bedroht.[21]

---

21 Büntig, Wolf: *Aggression und Depression*. Audio CD.

Wir müssen Schülern mit einem sogenannten Aggressionsproblem mit Sicherheit keine Geschenke überreichen und sagen:»Anton, wir finden es toll, dass du Johann geschlagen hast! Einfach spitze.« Wir können und sollten aber, nachdem wir Boxkämpfe oder Mobbingattacken unterbunden haben, der Frage nachgehen, inwieweit das gezeigte Verhalten sinnvoll war. Sinnvoll im Kontext der Beziehungen!

Wir können uns fragen:

Was hat Anton (unter anderem von uns) gebraucht und nicht bekommen?

Was hat ihm geschadet? Was an »schädlichen Substanzen« hat Anton zu viel geschluckt?

Wer oder was hat seine Integrität bedroht oder gar überschritten?

Und das eigentlich Naheliegendste: Wir können den gleichwürdigen Dialog mit Anton suchen. Wir versteifen uns nicht auf das gezeigte Verhalten – die Antons dieser Welt wissen in der Regel, dass »man sich nicht haut« – sondern wir laden ein:»Dir scheint es gerade nicht wirklich gut zu geh'n. Ansonsten hättest du Johann wohl nicht gehauen. Ich will nicht, dass du andere Kinder haust. Das ist dir bestimmt nicht neu. Und MIR ist nicht neu, dass Menschen niemals ohne Grund zuschlagen. Daher würde ich gerne von dir wissen, was los ist.«

Und wenn ich schon mal bei diesem Thema angelangt bin, möchte ich, auch auf die Gefahr hin, dass ich mich eines Klischees bediene, eine Nachricht überbringen ...

>*Liebe Pädagoginnen und Mütter,*

wir kleinen und großen Jungs haben eine Bitte. Könnt ihr uns bitte zwischendurch mal in Ruhe lassen? Wir wissen, dass ihr gegen Gewalt seid, aber ihr würdet uns einen großen Gefallen tun, wenn ihr nicht jede Reiberei, jede Auseinandersetzung, jeden Konflikt unterbindet und bestraft. Wir wollen uns austoben und ausprobieren dürfen. Ganz bestimmt fangen wir deswegen keinen dritten Weltkrieg an. Wir wollen ja gar nicht, dass ihr uns ignoriert, aber ab und zu könnt ihr doch einfach mal wegschauen und mit anderen Erwachsenen einen Kaffee trinken, oder?

Liebe Grüße,

unglaublich viele Jungen ...«

>*P.S. Ich möchte doch noch gerne hinzufügen, liebe Lehrer und Eltern, dass Gleiches auch für Mädchen gilt. Sie sind keine (modischen) Püppchen und müssen auch lernen dürfen, sich durchzusetzen.*«

René Sander,
Student für Soziale Arbeit, Vater zweier Kinder

Im Zentrum steht das Kind ...

Immer mehr Lehrer (und Eltern) stellen nicht nur die Behauptung auf, starke Kinder und Jugendliche zu wollen. Sie entwickeln ein ganz neues Verständnis von sich und Schule, um starken Kindern und Jugendlichen kräftigend zur Seite zu stehen. Sie leisten maximalen Widerstand, ohne Schaden auf existentieller Ebene zufügen zu wollen.

Etliche Schulen haben in den letzten Jahren die Chance ergriffen, Alternativen zum Bestehenden zu entwickeln. Und ich bin der Meinung, dass wir erst in zehn bis fünfzehn Jahren abschätzen können, wie wichtig diese Vorreiter-Schulen und die dort arbeitenden Pioniere waren und sind. Wir werden zurückblicken und uns bei denen bedanken, die sich heute – und zwar sehr konkret – mit der Frage auseinandersetzen, wie eine Schule aussehen kann, die auf der Basis von Werten wie zum Beispiel Integrität, Gleichwürdigkeit, Vertrauen, persönliche und soziale Verantwortung optimales Lernen und gesundes Wachsen unterstützt. Und die, die als Lehrer, Schulleiter, Eltern, Schüler, Vorständler und so weiter mitgewirkt haben werden, werden möglicherweise bei einem Glas Wein zusammensitzen und sich austauschen über die guten, alten Zeiten. Ich möchte ergänzen: ... über die guten, alten und *anstrengenden* Zeiten. Vielleicht werden sie sagen:

»Damals, als wir uns mit alternativen Schulen und Schulkonzepten beschäftigten, haben wir fast ausschließlich darüber nachgedacht, wie wir Schüler aus dem klassischen Frontalunterricht befreien könnten. Sie sollten es besser haben, und so stellten wir sie ins Zentrum unserer Bemühungen.

Und dabei vergaßen wir, dass es uns auch noch gibt ...«

Die in vielen Schulkonzepten verankerte Formulierung »Im Zentrum steht das Kind« scheint angesichts des Wunsches nach kindgerechten Schulen nachvollziehbar zu sein. Nach endlosen Zeiten des Frontalunterrichts, des Gleichschritts und der Gleichmacherei sollen junge Menschen heute die Chance erhalten, als Individuen wahrgenommen und gefördert zu werden.

Wo ist das Problem?

Drei Punkte will ich dazu anfügen:

1. Unzählige Lehrer gehen daran kaputt, Kinder ins Zentrum zu stellen. Sie individualisieren sich und andere in Grund und Boden. Und wehe, es funktioniert nicht! Viele selbsternannte Reformpädagogen haben eine panische Angst davor, dass ihr Plan nicht aufgehen könnte. Ihren Schülern MUSS es gut gehen. Ungewollt und unbewusst machen sie ihre Schüler zu Objekten eigener pädagogischer Selbstverwirklichungs-Motive: »Schaut! Bei uns stehen die Schüler im Zentrum! WIR haben DIE Lösung.«

2. Zentralisierte Kinder können auf Dauer

misstrauisch oder/und egozentrisch werden. Wenn in der Umgebung junger Menschen ständig wachsame Erwachsene herumlungern, müssen jene, die im Zentrum stehen, schlussfolgern, dass mit ihnen irgendwas nicht stimmen kann: »Es muss doch einen Grund geben, weswegen die Großen so sehr mit uns beschäftigt sind. Sie trauen uns wohl nicht!« Eine andere Form der Kooperation kann darin bestehen, dass sich Kinder und Jugendliche im Laufe der Zeit daran gewöhnen, auf Erwachsene zu treffen, die die eigenen Bedürfnisse abgeschafft haben und den ganzen Tag damit beschäftigt sind, wertvolle Angebote zu unterbreiten. Manche Heranwachsende entwickeln sich in der Gegenwart besorgter Super-Lehrer (und Super-Eltern) zu besonders unempathischen Zeitgenossen.

3. Last but not least: Im Zentrum kann man ein ziemlich einsames Dasein fristen. Unlängst verbrachte ich einen Tag im Leipziger Zoo. Lange stand ich vor dem Tiger-Gehege. Im Außengelände des Geheges wanderte ein Tiger umher. Drumherum standen die Zoobesucher. Einige machten Fotos, andere zeigten mit dem Finger auf das Objekt der Begierde. Alle glotzten. Ich dachte: »So muss es unzähligen jungen Menschen in ›modernen‹ Schulen gehen. Sie stehen im Zentrum, werden begafft – und sind einsam.«

Die Lösung? Mit DER Lösung kann ich nicht dienen. Ich denke viel darüber nach, wie wir uns und unsere Schüler aus unserem Gedanken-Zoo befreien können. Lasst uns experimentierfreudig sein, in zehn oder fünfzehn Jahren zusammen ein Glas Wein trinken und auf das zurückschauen, was wir erreicht oder verbockt haben. Heute denke ich, dass gerade wir Lehrer uns besser um uns selbst kümmern sollten, anstatt uns für Kinder und Jugendliche aufzuopfern. Weder in der Familie noch in der Schule müssen wir Individuen ins Zentrum stellen, damit sie zu Individuen werden. Sie sind ja bereits Individuen.

Und eine Frage sollten wir immer mitdenken: »Was sind unsere Motive? Was sind unsere wirklichen Motive?«

Motive

»Was ist sein Motiv?«, fragte der Kommissar seinen Assistenten. Der Frage, der im Krimi wie selbstverständlich nachgegangen wird, wird im Kontext Schule viel zu wenig Raum gegeben. Das hat aus meiner Sicht mindestens zwei Gründe:

1. Schule ist ein Ort, an dem es traditionell um Leistungen und Effizienz geht. Die Angelegenheit scheint also geklärt zu sein. Mit dem Ziel, geregelte Abläufe und effektives Lernen zu gewährleisten, werden auffällige Verhaltensweisen und Normabweichungen geortet, bewertet und behandelt. In unserem Schulsystem ist überhaupt nicht vorgesehen, der Frage nachzugehen, was Menschen bewegt und welche Ursachen es dafür geben könnte, dass manche Schüler und Lehrer existentielle Krisen erleiden, die wiederum auf Symptomebene Gestalt annehmen. Wenn durch individuelle Krisen Unterricht und Schulfrieden gestört werden, müssen die ausgekundschafteten Störenfriede schnell normalisiert werden. Und wenn es hart auf hart kommt, müssen sie gar beseitigt werden. (Eine Bitte an Kollegen, die an christlichen Schulen arbeiten: Bitte setzt keine Menschen vor die Tür! Ihr macht euch unglaubwürdig.)

2. Lehrer wurden und werden kaum ermutigt, sich der eigenen Motive zu stellen. Wie gesagt, die Sachlage scheint ja auch klar zu sein. Ein Lehrer vermittelt Wissen, und in den Lehrplänen steht geschrieben, welches Wissen zu vermitteln ist. Ein guter Lehrer

ist in erster Linie ein guter Wissensvermittler. Dass Lehrer immer auch Menschen sind, deren professionelles Handeln geprägt ist von biographisch bedingten, unprofessionellen und impliziten Motiven, findet insgesamt kaum Beachtung. Und dabei wäre es so wichtig, dass gerade Lehrer eingeladen werden, die eigenen, oft unbewussten Themen, Einflüsse und Motive bewusst zu machen, um sie erwachsen verantworten zu können.

Es kann für uns Lehrer extrem schmerzhaft sein, in den Spiegel zu schauen und blinde Flecken zu sichten. Ich weiß. Menschen, die sich auf den Weg machen, um alte Verträge aufzulösen, müssen teilweise exorbitant hohe Ablösesummen zahlen. Sie zahlen den Preis der Verunsicherung, der Ungewissheit, der Neuorientierung, bisweilen sogar den der Ausgrenzung. Wir sollten uns allerdings vor Augen führen, dass die Art und Weise, wie wir unserer Arbeit nachgehen, an vielen Stellen bereits kostspielig IST. Denn viele von uns funktionieren auf Kosten von Integrität, Lebensqualität und Gesundheit.

Fachpersönliche Integrität[22]

In den vierzehn Jahren meines Lehrerdaseins ging es mir teilweise richtig mies. Ich fühlte mich in die Enge gedrängt und hatte keinen blassen Schimmer, wie ich mich aus dieser Position und Gefühlslage hätte befreien können. Also fing ich an, mich »ganz clever« zu verteidigen. Ich machte mich zum Opfer und verteilte Schuld. Damit befand ich mich in guter Gesellschaft. Denn, obwohl es mir außerordentlich unangenehm ist, folgenden Gedanken auszusprechen, muss ich ehrlicherweise sagen, dass viele Lehrer das Opferspiel spielen und in ihren Kollegien meistens kompetente und ausdauernde Mitspieler finden. Sie sehen sich als Sündenböcke und Opfer einer verfehlten Bildungspolitik und missratenen Schülergeneration. Sie errichten Grenzstreifen aus institutionell abgesegneten Tretminen und verbalen Abwehrraketen, um sich gegen antizipierte Grenzüberschreitungen zu wappnen.

Das Erste und Beste (aber nicht das Erstbeste), was wir für die Menschen an unseren Schulen und für Schulentwicklung insgesamt machen können, ist, dass wir abgekämpften und verängstigten Lehrern (und denen, die es noch nicht sind) deutliche bessere Arbeits- und Weiterbildungsbedingungen anbieten. Ohne, und ich hoffe sehr, dass der folgen-

---

22 Zum Thema »fachpersönliche Integrität« empfehle ich u. a. das Buch *Dialog mit Eltern. Gelungene Lehrer- Elterngespräche* von Elisabeth Jensen und Helle Jensen.

de Zusatz nicht als Lehrerschelte gedeutet wird, sie in ihrer Opferrolle zu bestätigen. Ich glaube, dass gerade Lehrer, die mit dem Rücken zur Wand stehen, sehr, sehr viel Empathie brauchen und professionelle Möglichkeiten zur Weiterentwicklung ihrer Beziehungskompetenz. Und ich will es ausdrücklich betonen: Beziehungskompetenz bezieht sich nicht darauf, was Lehrer mit »schwierigen« Schülern (Eltern) tun können, damit sie nicht mehr »schwierig« sind. Beziehungskompetenz befähigt den Lehrer, die Qualität von Beziehungen professionell zu verantworten. Er weiß: Das Wie entscheidet über das Was. Ein Lehrer mit Beziehungskompetenz begegnet seinen Schülern (und deren Eltern) gleichwürdig. Das wiederum setzt voraus, dass er, während er im Außen in Beziehung tritt, die Verbindung zu sich und seinen Werten, Grenzen, Bedürfnissen und Gefühlen (persönliche Integrität) hält. Beziehungskompetente Lehrer übernehmen Verantwortung für ihre persönliche Integrität, und sie sind sich ihrer Verantwortung als Fachleute bewusst. Ihre Integrität betrifft somit das Persönliche und das Fachliche (fachpersönliche Integrität).[23] Die fachpersönliche Integrität des Lehrers umfasst grundsätzlich zwei Erfahrungsbereiche: den persönlichen und den fachlichen Erfahrungsbereich.

---

23 Nach meinem Verständnis ist es wenig sinnvoll, »persönliche Integrität« im Sinne eines feststehenden Begriffes zu definieren. Neben den aufgeführten Aspekten Werte, Grenzen und Bedürfnisse gehören für mich außerdem dazu: z. B. Gefühle, Gedanken, Begrenzungen, Würde, »Macken«, Muster.

Der persönliche Erfahrungsbereich der fachpersönlichen Integrität

Der persönliche Erfahrungsbereich betrifft diejenigen Erfahrungen, die wir als Lehrer in Bezug auf uns und unsere persönlichen Werte, Grenzen, Gefühle und Bedürfnisse (persönliche Integrität) machen. Wenn wir die persönliche Dimension unserer fachpersönlichen Integrität im Blick behalten, erkennen wir an, dass wir auch im professionellen Wirken Menschen sind mit Werten, Grenzen, Gefühlen und dem Bedürfnis nach zum Beispiel Beachtung, Wertschätzung, Autonomie, Verbundenheit, Ruhe. Auf der Basis unseres Handlungswertes persönliche Verantwortung (oder auch innere Verantwortung) können wir unsere persönliche Integrität in unser berufliches Wirken integrieren. Wir erkennen uns an für unsere Bedürftigkeit, anstatt uns und andere dafür zu verurteilen, dass wir als Menschen mit Bedürfnissen wahrgenommen werden wollen. Uns steht nicht der Sinn danach, unsere Bedürfnisse »auf Biegen und Brechen« zu stillen beziehungsweise gestillt zu bekommen. Nein, wir halten die Verbindung zu unseren Bedürfnissen, was uns die Möglichkeit eröffnet, uns von alten Überlebensstrategien zu emanzipieren, Bedürfnisse gegebenenfalls zu »parken« und uns auf die Bedürfnisse anderer einzustimmen. Die eigenen Bedürfnisse erwachsen zu verantworten, heißt, sie wahrzunehmen, sie anzunehmen, sie mitzunehmen. Indem wir unser Menschsein in den Schulalltag eingliedern und Fragen zulassen wie zum Beispiel »Wie bin ich? Was fühle ich? Was brauche ich? Wo liegen meine Grenzen? Was ist mir wichtig?« (nicht: »Wie sollte ich sein?«) stärken wir unser Selbstwertgefühl. Unser Selbstwertgefühl gewinnt außerdem an Stabilität, wenn wir uns erlauben, darüber zu reflektieren, woher wir wissen, dass wir genau *dieses* Gefühl fühlen und *jenes* Bedürfnis haben.

Was meine ich damit?

Lange Zeit lautete meine Vollautomatikantwort auf die Frage, was ich nach herausfordernden Situationen mit Schülern oder Eltern brauche: »Ich will meine Ruhe haben, weil es mir schlecht geht.« In der Folge zog ich mich zurück und bedauerte meine Wunden. Meine gewohnte Strategie zur Befriedigung des Bedürfnisses nach Ruhe erwies sich allerdings als wenig hilfreich, weil es mir in der Isolation keineswegs »besser« ging. Im Gegenteil: Meine innere Unruhe stieg. In dem Wunsch nach mehr Klarheit verabschiedete ich mich schlussendlich von nebulösen Formulierungen wie zum Beispiel »Mir geht es schlecht.« oder »Mir geht es gut.« – »Spannend«, dachte ich eines Tages, »mir geht es nach Konflikten nicht einfach ›schlecht‹. Ich fühle Trauer oder Wut, und ich will über meine Gefühle reden, ohne kluge Ratschläge zu bekommen«. Zu meinem Bedürfnis nach Ruhe gesellte sich das Bedürfnis nach Empathie. Ich sehnte mich nach Menschen, die mir Empathie entgegenbringen UND mich in Ruhe lassen konnten. Es tut so gut, zu einer Vertrauensperson sagen zu können: »Hör mir bitte einfach mal zu.« Empathische Menschen sind »da«, ohne aktiv einzuschreiten. Sie sind an deiner Seite, aber lassen dich in Ruhe. Sie laden dich ein, »genauer« zu werden. Sie fragen: »Was meinst du damit, wenn du sagst, dass es dir schlecht geht?«

Zur Weiterentwicklung unserer Beziehungskompetenz brauchen wir Lehrer zunächst einmal kein detailliertes Theoriewissen über Empathie, Dialog, Gleichwürdigkeit oder Neuroplastizität. Unsere zum Teil starren Haltungen verändern sich nicht aufgrund eines Buches oder eines Vortrags. Gute Bücher oder Vorträge sind für mich wie Startblöcke. Was wir nach meiner Ansicht wirklich brauchen, sind neue Erfahrungen auf unserem Weg. Wenn wir Empathie »am eigenen Leib« spüren und merken, dass es gut tut, sich einem Menschen anzuvertrauen, werden in uns Regionen angesprochen, zu denen der bewusste Denker für gewöhnlich keinen Draht hat. Zugegeben: Ich mag keine Hausaufgaben, aber zumindest eine Lehrerhausaufgabe würde ich gerne aufgeben: »Sucht euch einen Menschen, der euch ›einfach‹ mal zuhört!« (»Einfaches Zuhören« ist alles andere als einfach.)

Als Lehrer mit fachpersönlicher Integrität fristen wir kein einsames Dasein. Wir legen persönliche Verantwortung nicht aus als »Ich muss die Dinge ausschließlich mit mir selbst klären.« Wir muten uns anderen zu und ermutigen dadurch wiederum andere, sich sehen zu lassen. Unsere Aggressionen nutzen wir, um auf das zuzugehen, was uns nährt und nützt, um von dem wegzugehen, was uns zu schaden droht – um unsere Integrität zu schützen. Wir nutzen unsere Aggressionen nicht, um mit Hilfe subtiler und institutionell akzeptierter Gegenmaßnahmen »gegen« Menschen (Schüler, Eltern, Kollegen ...) vorzugehen. Wir nutzen unsere Aggressionen, um zu Fürsprechern unserer Grenzen und Bedürfnisse zu werden. Sehr klar und sehr persönlich sagen wir:»Nein«, »Ja«, »Ich will (nicht) ...«, »Ich brauche ...«. Wir wenden nicht DIE persönliche Sprache an, wir entwickeln unsere eigene persönliche Sprache. Weil es an diesem Punkt nach meiner Einschätzung immer wieder Missverständnisse gibt, möchte ich einige Gedanken zum Thema »persönliche Sprache« einschieben.

Im Miteinander mit Kindern (und Erwachsenen) kann bewusst gewählte Sprache den gleichwürdigen Kontakt durchaus verhindern, anstatt zu fördern. Auch »in bester Gesellschaft« kommt es vor, dass sich Erwachsene nach Einnahme von wundervollen Büchern DER persönlichen Sprache bedienen, als hätten sie ein schickes, neues Auto erstanden: Kontrolliertes und regelkonformes Fahren, kein Dreck auf dem Rücksitz, samstags durch die Waschanlage. Steril, vorzeigbar, richtig:»Iiiich wiiill, daaass duuu deiiin Ziiiimmer auuuufräuuuumst!«

Persönliche Sprache ist kein Mittel zum Zweck und kein Garant für aufgeräumte Zimmer, geputzte Zähne oder erledigte Schulaufgaben. Sie ist keine Kopiertechnik, mit deren Hilfe andere zum Abbild der eigenen Vorstellungen gemacht werden können. Im Grunde genommen gibt es sie gar nicht, DIE persönliche Sprache. Das »richtige« Vokabular allein ist es nicht, was Sprache persönlich werden lässt. Der Finger, der zum Mond zeigt, ist nicht der Mond. Sprache wird dann persönlich, wenn sie von Herzen kommt und in größtmöglicher Übereinstimmung steht mit der Integrität desjenigen, der sich mitteilen will. Übermäßig verkopfte und von der Idee der Argumentation durchsetzte Sprache ist selten persönlich. Sie mutiert in den meisten Fällen eher zu einer Art Bürokraten-deutsch oder zur Rechtfertigungslehre (»Ich will, dass du dein Zimmer aufräumst. Du brauchst Strukturen, und morgen früh musst du deine Sachen finden. Im Übrigen kommt heute Abend der Onkel Herbert zu Besuch, und ich möchte nicht, dass er schlecht von uns denkt. Ach ja, deine Lehrerin wies zum letzten Elternabend darauf hin, dass Kinder klare Ansagen und Grenzen brauchen. Ich will, dass du dein Zimmer aufräumst. Jetzt!«) Hier wird der persönliche Kontakt unterbunden, trotzdem der Sprecher Formulierungen wie »Ich will ...!« und »Ich möchte nicht ...!« verwendet.

Persönliche Sprache bringt authentisch und deutlich zum Ausdruck, wer ich gerade bin und was ich will. In dem Wunsch und Bestreben, meine persönliche Sprache zu entdecken, sollte ich immer auch eine ehrliche Einladung an meine Mitmenschen mitdenken: »Ich will lernen, zu mir zu stehen und ich lade dich ein, zu dir zu stehen. Auch du darfst sagen, was du willst und was du nicht willst. Wir sind gleichwürdig und ich will dich ermutigen, persönliche Verantwortung zu übernehmen. Wir werden ganz gewiss nicht immer einer Meinung sein, und gerade dann ist es wichtig, dass wir uns im Dialog begegnen, anstatt in den Krieg zu ziehen.« Speziell in Bezug auf Schule eine völlig neue Perspektive, denn noch immer gilt ...

Lehrer: »Ich will, dass du jetzt die Matheaufgaben auf der Seite 17 bearbeitest.«

Schüler:»Ich will das aber nicht.«

Lehrer: »Du machst, was ich dir sage!«

Schüler:»Nein!«

Lehrer: »Wenn nicht, dann ...!«

Und nun?

Gute Frage. Anspruchsvolle Frage. Nächste Frage? Nein. Ich glaube, wir dürfen dieser Frage nicht aus dem Weg gehen. An dieser Frage beziehungsweise an der Beantwortung der Frage »Und nun?« beißen sich jeden Tag Myriaden an Lehrern die Zähne aus. Entweder weil sie nicht wissen, was sie angesichts junger Neinsager tun können oder weil sie trotz aller Maßnahmen oder Motivationstricks auf Granit stoßen und energieraubende Machtkämpfe ausfechten. Und nun? Ich glaube, dass wir mit den alten Schlussfolgerungen, Schuldzuweisungen und Diagnosen nicht weiterkommen. Ein Schüler, der »Nein!« sagt, ist nicht zwangsläufig ein disziplinloser und zu sanktionierender Querulant. Wie kommen wir nur darauf, dass es den jungen Menschen von heute an Respekt fehlt? Ich glaube, dass es vielen von UNS an Respekt gegenüber Kindern und Jugendlichen und deren Autonomiebestrebungen fehlt. Und das ist im Grunde genommen nicht wirklich verwunderlich. Wurden wir in jungen Jahren ermutigt, »Nein!« zu sagen? Wurde uns Respekt entgegengebracht? Nein, dafür aber wurde uns reichlich Angst eingejagt, wenn wir uns erdreisteten, etwas anderes zu wollen als die Großen.

Heute wenden viele Erwachsene das von den eigenen Vorbildern Vorgelebte an. Wohlgemerkt größtenteils ungewollt und dekoriert mit süßlichen Umschreibungen (»Pubertierchen«) oder professionell klingenden Störungsbildern (zum Beispiel »ADHS«). Ich schlage nicht vor, dass wir heute das Gegenteil von dem tun, was viele von uns in ihren Familien oder an ihren Schulen erlebt haben. Laissez-faire? Nein! Alles wird basisdemokratisch entschieden? Auch nein! Gleichwürdigkeit heißt nicht Gleichberechtigung. Ich bin durchaus für (viel mehr) Mitbestimmung – junge Menschen können deutlich mehr Verantwortung tragen, als ihnen im Allgemeinen zugetraut wird –, aber ich spreche mich dagegen aus, dass Kinder eine Verantwortung übernehmen, die sie permanent überfordert. Wir verletzen die Integrität unserer Kinder/Schüler, so wir ihre entwicklungs- und altersbedingten Grenzen und Begrenzungen nicht anerkennen. Ich begrüße es sehr, dass sich immer mehr Erwachsene zum Wert Authentizität bekennen. Sie gehen deutlich offener und persönlicher auf Kinder und Jugendliche zu als die Erwachsenen vergangener Generationen. Damit schaffen sie eine Voraussetzung für eine stabile Vertrauensbasis. Die ganze Geschichte kann aber auch kippen, nämlich dann, wenn Erwachsene ihre Probleme auf Kinder und Jugendliche übertragen. Brauchen Kinder Grenzen? Ja, allerdings nicht unbedingt im klassischen Sinne. Sie sind darauf angewiesen, dass ihre Grenzen respektiert werden. Und noch einmal: Respekt heißt nicht: »Du willst Eis? Klar! Wie viele Kugeln möchtest du? Acht?« Respekt heißt, die Integrität anderer Menschen anzuerkennen. Und das kann eben auch bedeuten: »Du willst Eis. Das ist ok, aber ich kaufe dir kein Eis.«

Wir müssen uns mit der Frage »Und nun?« neu auseinandersetzen. Aus meiner Sicht grenzt es an ein Verbrechen, dass wir Schülern (und manchmal auch jungen Lehrern) das Recht darauf verwehren, »Nein!« zu sagen, und gleichzeitig erwarten, dass sie sich zu starken Persönlichkeiten entwickeln. Menschen, die nicht gelernt haben, »Nein!« zu sagen, wird es im Laufe ihres Lebens aller Voraussicht nach schwerfallen, »Ja!« zu sich selbst zu sagen und Menschen zu ertragen, die für sich und ihre Integrität einstehen können.

Und nun?

Sollten wir Lehrer den Mut aufbringen, nicht nur uns, sondern auch unseren Schülern (und deren Eltern) die Möglichkeit zu geben, »Nein!« zu sagen, ohne sie für ihr »Nein!« zu entwürdigen, müssten wir eine sehr große Tafel besorgen, um all die Ideen zu sammeln, die wir bräuchten, um eine Schule in Erwägung zu ziehen, die nicht auf bedingungslosen Gehorsam setzt, sondern auf Gleichwürdigkeit, Dialog und persönliche Verantwortung.

Das ist die eine Perspektive. Sie ist ausgelegt auf Langfristigkeit und bezieht sich darauf, wie unsere Schulen in zehn, fünfzehn, zwanzig Jahren aussehen könnten. Sie fordert uns auf, zu erkunden, was wir wollen und von welchem Menschenbild wir uns tragen lassen wollen.

Anbieten möchte ich eine zweite Perspektive. Jene,

die versucht, eine Antwort darauf zu geben, wie wir Lehrer jetzt beziehungsweise morgen früh damit umgehen, dass Menschen in einem insgesamt rigiden System Unterschiedliches denken, fühlen und wollen. Was kann eine Frau Lander – Klassenlehrerin einer fünften Klasse an einer staatlichen Schule in Leipzig – heute und morgen tun? Darauf zu warten, dass urplötzlich der ganz große Konzeptpinsel geschwungen wird, scheint mir wenig sinnvoll zu sein. In einem Bundesland, das regelmäßig mit einer Medaille um den Hals posiert, weil es im Ländervergleich die ersten Plätze belegt, wird Frau Lander lange (vielleicht sogar vergeblich) darauf warten, dass alte Schulstrukturen aufgebrochen und baufällige Denkhallen abgerissen werden. Und trotzdem kann sie etwas tun. Vor allen Dingen dann, wenn sie sich daran erinnert, dass es als Lehrer vor jeder Konzept- und Lehrplanarbeit darum geht, die Beziehungen zu Schülern (und Eltern) zu stärken ...

Frau Lander: »Ich will, dass du die Matheaufgaben auf der Seite 17 bearbeitest.«

Schüler: »Ich will das aber nicht.«

Frau Lander: »Kannst du mir sagen, warum du nicht willst?«

Schüler: »Ich hab' keine Lust. Ich hab' gerade andere Dinge im Kopf. Die Aufgaben sind mir zu schwer.«

Frau Lander: »Das ist ok. Ich will etwas, und du willst

etwas anderes. Das passiert, das ist normal, und damit habe ich überhaupt kein Problem. Du wirst deine Gründe haben. Gleichzeitig will ich berücksichtigen, dass in der nächsten Woche alle fünften Klassen eine Mathematikarbeit schreiben, und darauf will ich dich gut vorbereiten. Lass uns darüber nachdenken, was wir jetzt machen können. Hast du eine Idee?«

Noch einmal: Das ist keine Methode, sondern mein Angebot an Frau Lander, in den Dialog zu gehen.

(»Ja, Ja! Aber in meiner Klasse gibt es fast dreißig Schüler. Wie soll ich denn da noch Beziehungspflege betreiben?« Es wird Zeit, dass wir Lehrer nicht nur für ein höheres Gehalt auf die Straße gehen, sondern für eine andere Schule! Und in der Zwischenzeit müssen wir Verantwortung übernehmen. Für das, was geht, für das, was nicht geht, und gegebenenfalls dafür, dass wir eben nicht auf die Straße gehen!)

Ich denke, Lehrer und Schüler könnten gemeinsam viele gute Ideen entwickeln, um mit Konflikten, die im klassischen Schulkontext schnell zum Kleinkrieg führen, konstruktiv und verantwortungsvoll umzugehen. Konstruktiv und verantwortungsvoll heißt für mich: Die Integrität der Einzelnen bleibt gewahrt. Niemand wird für das, was er will oder nicht will, zum Schultrottel gemacht. Der Lehrer übernimmt Verantwortung für sich, seine Denkmuster, seine Gefühle und die Qualität der Beziehungen. Und der Lehrer übernimmt Verantwortung für seinen Auftrag. Denn das gilt es zu bedenken: Egal wie ich, der ich diese Zeilen in völliger Ruhe und bei einer Tasse Kaffee schreibe, den Auftrag von Frau Lander finde; eine Frau Lander kann als Angestellte des Freistaates Sachsen keine kompletten Alleingänge starten. Auch hier mögen sich die Geister scheiden, und ich kenne Menschen, die von einer Frau Lander verlangen würden, auf Rahmenbedingungen und institutionelle Vorgaben zu pfeifen. Ich halte von solchen Appellen nichts. Manche mögen mich belächeln und mich des Spießertums bezichtigen, aber ich will gerne erwähnen, dass es Lehrer gibt, die Eltern zweier Kinder sind, ein Haus abbezahlen, ihre Arbeit mögen, im Rahmen ihrer Möglichkeiten Dinge angehen und verändern wollen, aber eben kein Interesse daran haben, eine Revolution anzuzetteln und hohe Risiken einzugehen. Ich kenne hervorragende und zufriedene Lehrer, die wie ganz »normale« Berufstätige ihrer Arbeit nachgehen und zum Feierabend ihre geliebte Serie anschauen. Und dagegen ist nichts einzuwenden! Ich warne davor, über das Thema Integrität zu referieren und den Umstand zu torpedieren, dass Menschen ihr Dasein auf individuelle Weise deuten.

Nun aber zurück zur fachpersönlichen Integrität ...

Der fachliche Bereich der fachpersönlichen Integrität

Wir Lehrer sind Fachleute, die nicht ausschließlich vor der Kulisse ihrer persönlichen Integrität agieren können. Als Fachleute müssen wir uns fragen, welche fachlichen Qualifikationen wir brauchen, über welche Qualifikationen wir verfügen und in welchen fachspezifischen Disziplinen wir uns möglicherweise weiterbilden müssen. Außerdem: Wofür stehen wir als Lehrer, und wie wollen wir das umsetzen, was wir als Fachleute für wichtig befinden? Unsere fachlichen Überzeugungen und Kompetenzen haben zum großen Teil (aber nicht nur!) einen fachlichen Hintergrund. Hier spielt die Lehrerausbildung eine prägende Rolle, welche wiederum Ausdruck eines bestimmten (bisweilen ergrauten) Zeitgeistes ist. Gleichzeitig – und das liegt mir wirklich am Herzen – können wir unseren fachlichen Hintergrund nie unabhängig von uns als Personen ergründen. Immer beeinflusst unser persönlicher Hintergrund unseren fachlichen Hintergrund. Beispiel:

Viele Lehrer sind der Meinung, dass man Kindern klare Grenzen setzen solle. Ich will an dieser Stelle nicht darüber diskutieren, ob das nun »richtig« oder »falsch« ist. Mir ist wichtig, dass wir Lehrer darüber nachdenken, wie wir zu dieser und zu anderen Meinungen gekommen sind. Haben unsere Meinungen einen fachlichen oder/und einen persönlichen Ursprung? Manche Lehrer sagen: »Um sagen zu können, dass Kinder klare Grenzen brauchen, muss ich keine Seminare belegen, meditieren oder Bücher lesen. Das sagt mir mein gesunder Menschenverstand.«

Vorsicht! Es gab Zeiten, da Menschen aufgrund ihres »gesunden Menschenverstandes« ziemlich schlimme Dinge taten. Das, was sie taten, war mit den Gesetzen vereinbar. Und dennoch war das, was sie taten, falsch.

Ich halte es für dringend geboten, sich als Lehrer nicht nur mit rein fachspezifischen Zusammenhängen auseinanderzusetzen, sondern auch mit sich und seinen persönlichen, biographisch bedingten Angelegenheiten. Diese Perspektive halte ich historisch betrachtet für relativ neu ...

In der Vergangenheit schien klar zu sein, wie man als Lehrer zu sein hatte. Der Frage, wie es möglich werden könnte, seinen Schülern persönlich zu begegnen, ohne sie zu verängstigen, zu entwürdigen, zu begrenzen, wurde wenig Beachtung geschenkt. Warum auch? Der Lehrer sollte keine persönliche Beziehung von Mensch zu Mensch aufbauen. Er sollte aus seiner Rolle heraus für Ruhe sorgen, Wissen vermitteln, Grenzen setzen. Mit Sicherheit gab es schon immer Lehrer, die sich aktiv mit ihrer Rolle auseinandersetzten und darüber nachdachten, inwieweit Persönliches Einfluss auf ihre Arbeit als Lehrer nimmt. Insgesamt aber wurde Lehrern eingeimpft, sich als Personen herauszunehmen und die Dinge nicht persönlich zu nehmen. Lehrer der alten Schule definierten sich und ihre Autorität vor allem über die ihnen zugewiesene Machtposition und die damit einhergehenden Machtbefugnisse. »Gute« Lehrer waren gehorsam und forderten Gehorsam. Sie formten gehorsame Schüler. Gehorsame Schüler wurden für gewöhnlich gehorsame Soldaten, gehorsame Fabrikarbeiter, gehorsame Konsumenten. Lehrer, die ihr »eigenes Ding« machten und als Menschen mit eher »weichen« Werten auftraten, wurden schief angeschaut (auch von Schülern), wenn nicht gar zurechtgerückt. Hinweisen möchte ich in diesem Zusammenhang auf den Film »Das weiße Band« von Michael Haneke. Der Lehrer, gleichzeitig Erzähler der Geschichte, zeigt entgegen des Zeitgeistes Mitgefühl und Humor. Er begegnet seinen Mitmenschen neugierig, bisweilen sogar empathisch. Er verliebt sich in die Tochter des strengen Pfarrers, was dazu führt, dass er, um seinem Herzen folgen zu können, mit der Herzlosigkeit des strafenden Vaters kooperieren muss. Obwohl durch den Lehrer persönliche Integrität und »soft skills« durchschimmern, bleibt er namenlos. Er ist nicht Herr Schulze, Herr Lechte oder Herr Skuza. Er ist und bleibt der »Herr Lehrer«.

Die Zeiten haben sich geändert. Lehrer, die sich hinter ihrer Rolle, ihrer Macht, ihren Maßnahmen verschanzen und den autoritären »Herrn Lehrer« spielen, verbreiten zwar noch immer Angst und Schrecken. Viele junge Menschen machen dieses Schauspiel allerdings nicht mehr mit. Sie wehren sich und kratzen an der Fassade: »Kommt heraus aus eurem Versteck! Zeigt uns, wer ihr seid. Zeigt uns, wer ihr wirklich seid!« Unsere Schüler geben sich nicht mehr zufrieden mit dem alten Lehrer-Schüler-Rollenspiel. Sie sind es satt – ähnlich wie Frauen im neunzehnten Jahrhundert – zu allem Ja und Amen sagen zu müssen und für ungebührliches Verhalten bestraft zu werden. Schüler wollen als Menschen wahrgenommen werden und persönliche Verantwortung für sich und ihr Leben übernehmen. Nicht alle und nicht von heute auf morgen. Wenn dir ein Schüler von dreizehn Jahren gegenübersitzt und sich vorbereitet auf die nächste Zurechtweisung, dann aber zum Dialog eingeladen wird, kann es ein, dass dich der Schüler anschaut, als littest du unter Wahrnehmungsstörungen. Kinder und Jugendliche, die über Jahre angepasst und normalisiert wurden – auch von ihren Eltern – können nicht von jetzt auf gleich umschwenken und problemlos die Stufe zur Eigenverantwortung nehmen und in einen Dialog gehen. Was aber ist die Alternative zur persönlichen Verantwortung und zum Dialog? Meinen wir wirklich, dass gehorsame, von sich selbst entfremdete und zum Konkurrenzkampf angestachelte Menschen anstehende individuelle und kollektive Herausforderungen bewältigen werden? Wir stehen an unseren Schulen an einem Scheideweg. Lehrer UND Eltern (ohne Eltern geht's nicht!!!) müssen sich fragen:

»Was wollen wir? Wollen wir gehorsame Kinder/Jugendliche, oder wollen wir verantwortungsvolle Kinder/Jugendliche?«

Wie auch immer wir uns entscheiden (und wir entscheiden uns jeden Tag): Das, was wir für wichtig befinden, haben wir zu verantworten. Sollten wir uns für den Wert Gehorsam entscheiden, müssen wir mit den Konsequenzen des (vorauseilenden) Gehorsams leben.

Unser berufliches Selbstverständnis als Lehrer darf und kann nie separiert werden von uns als Personen. Wenn wir als Lehrer namenlos bleiben, weil wir glauben, unsere Rolle und die Rolle unserer Schüler sei geklärt durch die Vorgaben der Institution Schule, werden wir unser blaues Wunder erleben. Wir Lehrer müssen uns fragen, wofür wir stehen und wie wir das, wofür wir stehen, in den Schulen verantworten können, an denen wir arbeiten. Und gleichzeitig gilt es zu berücksichtigen, dass wir uns nicht komplett hinwegsetzen können über Gesetze, Lehrpläne, Verordnungen und Schulleiter-Anweisungen. Angelehnt an eine etwas abgedroschene Formulierung, möchte ich sagen, dass auch wir Lehrer nicht einfach machen können, was wir wollen. Wir tragen immer Mitverantwortung für die Schulwerte und all ihre »Ableger« wie zum Beispiel Konzept, Stundenplan, Absprachen, Strukturen, Organigramm, Handlungsleitlinien und so weiter. Ein Lehrer mit fachpersönlicher Integrität sieht seine Verantwortung ganz sicher nicht darin, Majoritätsbeschlüsse und Widersprüchliches kritiklos abzunicken. Im Gegenteil: Er zeigt Zivilcourage und interveniert, so es nach seiner Auffassung notwendig wird. Wachsame Lehrer (und Eltern!) geraten manchmal in Teufels Küche, weil sie erkennen, dass es an ihrer Schule einen gravierenden Unterschied gibt zwischen Handlungswerten und Schauwerten. Sie entlarven den »geheimen Lehrplan« und bringen zur Sprache, was, so der Ehrenkodex an manchen Institutionen, nicht zur Sprache kommen darf.

Fachpersönliche Integrität umfasst das Persönliche, das Fachliche und das »Dazwischen«, also das, was das Persönliche und Fachliche verbindet. Ob ich der Lehrer sein kann, der ich sein will, entscheidet sich nach meiner Erfahrung daran, wie klar und reflektiert ich als Person und als Fachmann bin und ob es mir gelingt, die Verbindung aus Fachlichkeit und Persönlichkeit in fachpersönliche Integrität überzuleiten. Damit ist allerdings längst nicht alles geklärt. Denn selbst, wenn ich mein (Lehrer-) Selbstverständnis (vorübergehend) geklärt habe – ein ständiger Aushandlungs- und Entwicklungsprozess –, muss ich berücksichtigen, dass ich mich als Lehrer immer in einem bestimmten Kontext aufhalte. Wer für sich als Lehrer herausgefunden hat, dass er sich lösen will von einer Pädagogik der entwürdigenden Strafen, jedoch an einer Traditionsschule arbeitet, an der herausfordernde Schüler, Eltern und Lehrer auf die »stille Treppe« gesetzt werden, wird auf Dauer leiden unter der Unvereinbarkeit aus »Hier bin ich – mit meinen Werten, Grenzen, Bedürfnissen ...« und »Dort ist der Eingang zu der Schule, an der ich arbeite und an der bestimmte Werte für wichtig befunden werden ...«. In Phasen, in denen man als Lehrer nicht weiß, wie und ob es weitergehen kann, kann man sich natürlich ein Blatt Papier nehmen und auf sehr vernünftige Weise Gedanken sammeln und Schlüsse ziehen. Man kann sich aber auch in ruhigen Abendstunden mit einem Tee oder einem Piccolo vor »seine« Schule setzen und sich fragen: »Will ich auch morgen wieder durch diese Tür gehen?« Jeder klärt seine Angelegenheiten anders. Wichtig ist, DASS man sie klärt beziehungsweise klären will. Unerledigte Angelegenheiten können einen wahrlich erledigen. Mir war immer wichtig, das Steuer selbst in der Hand zu halten, und ich erinnere mich gerne an einen Schulleiter und guten Freund, der mich eines Tages geradezu väterlich zur Seite nahm und sagte: »Andreas, du musst raus der Schreckstarre. Nimm das Zepter in die Hand.« Je länger man als Lehrer entgegen seinen Überzeugungen handelt, desto wahrscheinlicher ist es, dass man seine Überzeugungen (vorübergehend) vergisst, krank wird, auf besonders herausfordernde Schüler trifft und, um für vorübergehenden Ausgleich zu sorgen, doch wieder mit dem Strom schwimmt. Es bedarf hoher Sensibilität, um mit Lehrern darüber ins Gespräch zu kommen, dass sie angesichts eines unermesslichen Druckes und einer unerträglichen »Abstiegsangst« möglicherweise seit Jahren Dinge tun, die sie eigentlich gar nicht tun wollen. Manche Kollegen sind in solchen Momenten den Tränen nahe, andere verteidigen ihr Vorgehen mit allen zur Verfügung stehenden Mitteln.

Hundertprozentige Übereinstimmung wird es zwischen meinen fachpersönlichen Werten und den Werten an »meiner« Schule nie geben. Immer werde ich damit leben müssen, dass ich als Lehrer in einem Spannungsfeld lebe und arbeite. Spätestens an dem Punkt aber, an dem ich feststelle, dass die Diskrepanz zwischen mir und »meiner« Schule zu groß (geworden) ist, sollte ich eine ehrliche Standortbestimmung vornehmen. Ein Abgleich zwischen meinen ursprünglichen Werten und denen der Institution Schule kann ohne Frage zu einem Bruch führen. Denn wenn ich feststelle, dass ich mich und meine Werte verleugnen müsste, um schulischen Erwartungshaltungen zu dienen, muss ich irgendwann, am besten zeitnah, eine Entscheidung treffen. Ich muss nicht warten, bis ich krank geworden bin, meine Schüler kränke und mit meiner Arbeit unzufrieden bin. Ich kann fragen:

»Was hat mich dazu bewogen, Lehrer werden zu wollen?«

»Für welche Werte stehe ich – als Mensch, als Fachmann?«

»Gelingt es mir, meiner Arbeit in größtmöglicher Übereinstimmung mit meinen Werten nachzukommen?«

»Was brauche ich, um meiner Arbeit in größtmöglicher Übereinstimmung mit meinen Werten nachkommen zu können?«

»Was will ich?« (»Stimmt das, was ich gestern wollte, auch heute noch?«)

Je länger ich Lehrer bin, desto wichtiger und anspruchsvoller werden diese Fragen für mich. Die Auseinandersetzung mit meinen ursprünglichen (persönlichen, fachlichen) Werten kann durchaus dazu führen, dass ich eine Art Trauerarbeit zu leisten habe. Vielleicht spüre ich Sehnsucht angesichts meiner in Vergessenheit geratenen Berufung, so als ob ich mich nach einem guten, alten Freund sehne. Unter Umständen mute ich mir nach einer Zeit der Trauer zu, mich meiner ersten Motive und Werte anzuvertrauen. Ich begrüße sie mit den Worten »Hallo, da bin ich wieder. Kennt ihr mich noch? Ich habe euch in den Wirren des Alltags vergessen.« Werte sind nach meiner Erfahrung nicht nachtragend. Sie empfangen verlorene Söhne und Töchter niemals abweisend oder vorwurfsvoll. Nein, sie reichen Hände: »Ah, schön, dass du wieder da bist. War ein bisschen langweilig ohne dich. Aber mach dir deswegen keinen Kopf, wir haben uns die Zeit mit Versteckspielen vertrieben. Bist du jetzt bereit, mit uns und aus uns heraus zu arbeiten und zu leben?«

Ich glaube, dass es für uns Lehrer wichtig ist, im Spannungsfeld aus »Ich und mein Lehrerdasein« und »Schule inklusive Werte, Erwartungshaltungen, Rahmenbedingungen« beweglich zu bleiben. Wie in jeder Beziehung gibt es Phasen, in denen das Pendel eher in Richtung Integrität und dann wieder in Richtung Kooperation ausschlägt. Wenn aus dem Spannungsfeld allerdings ein Schlachtfeld geworden ist und ich zu chaotischen oder rigiden Verhaltensweisen neige, sollte ich den Wehrdienst verweigern und meine berufliche Situation entspannen.

Unbewegliche, in die Enge getriebene, angezählte, ohnmächtige und sich aufopfernde Lehrer tun sich und anderen nicht gut. »Opfer-Lehrer« müssen nach meiner Erfahrung übrigens nicht automatisch diejenigen sein, die tränenüberströmt und beschwerlichen Schrittes durch Schulflure kriechen. Nein, es sind oftmals die besonders »Maskulinen«, die, die herumpoltern, Disziplin einfordern, lautstark Vorwürfe erheben, »glasklare« Forderungen stellen und nach starken Autoritäten rufen.

In einem Leipziger Café ...

Vor Kurzem saß ich mit Freunden in einem Leipziger Café. Wir sprachen über Schule und die Frage, welche Stolpersteine uns Lehrer bisweilen davon abhalten, unserer Arbeit freud- und sinnvoll nachzugehen. Nach meiner Überzeugung, so fügte ich an, hätten die meisten Stolpersteine etwas mit eigenen, destruktiven Glaubenssätzen zu tun und mit dem Umstand, dass wir uns im Rahmen unserer Ausbildung praktisch nie mit uns selbst, und zwar als Menschen, auseinandergesetzt hätten. Nun läge es in unserer Verantwortung, sich mit entsprechenden mentalen Modellen und unerledigten Themen zu beschäftigen und auszusöhnen. Als Stolperstein-Beispiel nannte ich die in Lehrerkreisen immer häufiger zu beobachtende Tendenz, Schüler und Eltern zu stigmatisieren. Ich merkte an, dass es aus meiner Sicht an Mobbing grenze, Schüler und Eltern für unerreichbar, unmöglich oder respektlos zu erklären. Weiterhin: Wir Pädagogen sollten uns bewusst machen, dass die sich an unseren Schulen zuspitzende Mobbing-Problematik nur vor dem Hintergrund unseres Einflusses als Kooperationspartner zu verstehen sei.

Am Nebentisch stand eine Frau wutentbrannt auf. Sie erklärte, sie arbeite seit vielen Jahren als Lehrerin, und es werde wirklich immer schlimmer. Die Kinder von heute seien einfach nur unmöglich. Kein Wunder, führte sie an, bei DEN Eltern.

Während sie noch ein paar weitere »Argumente«

ins Feld führte, überlegte ich, wie sie wohl am nächsten Morgen auf ihre Schüler zugehen und den nächsten Elternabend gestalten würde. Ihre rasiermesserscharfen Ausführungen enthielten Formulierungen wie »fehlender Respekt«, »mangelnde Erziehung« und »Verantwortungslosigkeit«.

Ob diese Lehrerin ihre Arbeit liebte? Keine Ahnung. Ich hätte sie gerne gefragt, allein mir fehlte der Mut. Sie wirkte auf mich sehr müde und abgekämpft. Und sie wirkte auf mich wie ein Opfer. Obwohl oder gerade weil sie ihre Meinung beinhart vertrat.

Es mag paradox klingen, aber die Neigung vieler Lehrer (und Menschen im Allgemeinen), sich zum Opfer zu machen, gilt es unbedingt zu würdigen. Hier äußert sich der zu respektierende Versuch, sich etwas Stabilität und Sicherheit zu geben: »Ich mach' doch eigentlich alles richtig. Die Schuld tragen die anderen beziehungsweise trägt das Gesamtsystem. Ich bin nur das Opfer, der Ausübende, das Ende einer langen Befehlskette. Ich bin zwar ein armer Wicht. Aber zumindest bin ich unschuldig.«

Ich ziehe sämtliche Hüte vor Menschen, die damit aufhören, Schuld zu verteilen – an sich und/oder andere –, und sich stattdessen behutsam und freundlich eingestehen, dass sie selbst (mit-) verantwortlich sind und Verantwortung übernehmen müssen.

Verantwortung

»Es gibt eine gute und eine schlechte Nachricht.
Die gute ist, nur du selbst bist verantwortlich;
die schlechte ist, nur du selbst bist verantwortlich.«

Ringu Tulku Rinpoche

Verantwortung übernehmen. Klingt ziemlich simpel. Wird gemacht. Abgehakt. Aber abgesehen davon, dass die meisten Lehrer von sehr unklaren und traditionellen Verantwortungsmotiven durchdrungen sind, will ich aus einer kritischen Haltung (nicht Opferhaltung) heraus sagen, dass wir Lehrer in einem System arbeiten, das nicht gerade ermutigt, Verantwortung zu übernehmen. In unserem Schulsystem wird im Allgemeinen Wert darauf gelegt, Pflichten zu erfüllen und für Ruhe zu sorgen. Nicht wenige Schulleiter begründen ihr rigides Vorgehen damit, dass sie verantwortlich seien für den Schulfrieden. Schulfrieden? Ich habe bis heute nicht verstanden, was Schulfrieden eigentlich bedeutet. Verstanden habe ich indessen, dass es vielen Schulleitern anscheinend wichtig ist, Konflikte zu unterbinden und für Ruhe zu sorgen. Schließlich hat ein guter Schulleiter »den Laden im Griff«. Ich denke, dass Frieden und Gehorsam zu zwei völlig unterschiedlichen Wertesystemen gehören und dass Verantwortung niemals verwechselt werden sollte mit »Das ist meine oberste Pflicht!«.

Von vielen Lehrern höre ich, dass es ihnen nicht gut geht und sie sich einem System ausgeliefert fühlen, das integritätsverletzend, beziehungsverhindernd und entwicklungsresistent ist. Ich kann das durchaus nachvollziehen, und nichts liegt mir ferner, als das Elend meiner Kollegen zu verharmlosen. Der Lehrerberuf kann wahrlich zu einem Horrortrip werden. Ich habe es erlebt, und ich will (und werde) es nie wieder erleben. Wie gehe ich als Lehrer damit um, wenn ich aus Angst vor dem nächsten Tag nicht mehr schlafen kann? Wenn ich mich zur Schule quäle? Wenn ich mich von anderen absondere, jeden Abend eine Flasche Rotwein trinke, regelmäßig krank werde?

Ich kann fragen: »Warum ich?«

Ich kann diese Frage als Opfer stellen. Als jemand, der sich passiv gegenüber dem verhält, was der Zufallsgenerator »Leben« ausspuckt. Ich reagiere auf das, was mit mir gemacht wird. Im Winsel- oder Brüllmodus gebe ich die Verantwortung ab an Schüler, Eltern, Kollegen, Schulleiter, Politiker und so weiter. Ich bin angewiesen auf andere. Oder aber ich übernehme persönliche Verantwortung. Ich übernehme die volle Verantwortung für das, was in meinem Leben geschieht: »Warum ich? Warum habe ich mich in diese Situation gebracht? Was hat das mit mir zu tun?«

Nun kann man verständlicherweise entgegnen, dass wir Lehrer nicht alles zu verantworten haben. Vieles von dem, was auf uns und unser (Schul-) Leben einwirkt, scheinen wir nicht beeinflussen zu können. Mag sein, aber es liegt in unserer Verantwortung, im Rahmen unserer Möglichkeiten Veränderungen anzubahnen und mit äußeren Impulsen umzugehen. Wir sind nicht allmächtig, wir sind aber auch nicht ohnmächtig. Wenn wir uns ohnmächtig vorkommen, neigen wir dazu, entweder passiv zu werden oder aber Machtmissbrauch zu betreiben. Kinder und Jugendliche brauchen Rollenmodelle, an deren Vorbild sie sehen können, wie es möglich wird, Verantwortung zu übernehmen: für sich, für das Miteinander, für das, was im Außen (zum Beispiel an einer Schule) passiert. Insgesamt müssen wir festhalten – und ich weiß sehr wohl, dass dieser Gedanke keinen Spaß macht –, dass es uns Lehrern insgesamt nicht gut gelingt, Verantwortung und Selbstwirksamkeit vorzuleben. Und noch einmal: Das ist nachvollziehbar. Es ist bis heute nicht Bestandteil des Lehrerselbstverständnisses, Verantwortung zu übernehmen. Wir Lehrer haben in erster Linie gelernt, traditionelle Schulanliegen umzusetzen. (Und während ich diese Zeilen schreibe, will ich bedenken und hervorheben, dass in unserer Schullandschaft etliche Lehrer unterwegs sind, die trotz aller Widrigkeiten aktive Landschaftspflege betreiben.)

Lehrerausbildung

Nach meiner Einschätzung wird zu wenig berücksichtigt, dass zu unserem Schulsystem eine Lehrerausbildung gehört, die im Durchschnitt (bitte nicht überlesen: im Durchschnitt) nur einige, aus meiner Sicht komplett überbewertete und an das klassische Schul- und Lehrerbild angelehnte Aspekte berücksichtigt: Fachwissen, Methodik, Didaktik, Schulrecht. Selbstverständlich werden auch pädagogische Schwerpunkte gesetzt, nur muss die Frage erlaubt sein, was sich hinter dem Pädagogiksiegel verbirgt. In meiner Lehrerausbildung ging es im Bereich Pädagogik fast ausschließlich um die Frage, was man mit Schülern wie machen kann und muss, damit sie sich »richtig« entwickeln. »Richtig« hieß: Gemäß unserer und gesetzlich verankerter Erwartungen. Gemeinsam mit unseren Ausbildern entwarfen wir ideenreiche Ansätze und durchdachte Unterrichtskonzepte. Die ganze Zeit sprachen wir darüber, wie Kinder und Jugendliche lernen und welche unterrichtsrelevanten Rückschlüsse wir ziehen müssten, um »guten« Unterricht zu konzipieren.

Manchmal wurde es richtig verrückt ...

Als Lehramtsanwärter mussten wir einen Unterricht planen, der sämtliche Eventualitäten ausschloss oder als Optionen bereits einkalkulierte. Große Unterrichtsvorbereitungen enthielten minutiöse Abfolgen, vorformulierte Antworten und eventuell auftretende Gruppendynamiken. Wir übten uns im »pädagogischen Futur II«: »Was werden meine Schüler wie, wann und warum gelernt haben?« Und wenn Schüler nicht »ordentlich mitmachten«, lag es entweder an ihnen oder an der Vorbereitung. Manchmal flattert mir eine große Unterrichtsvorbereitung längst vergangener Tage in die Hände. Dann lese ich einige Passagen und denke mir: »Oh Mann, was für ein Blödsinn!«

Noch immer gibt es diese erbärmliche Kleinschritt-Mentalität. Sie macht Schule für sehr viele Lehrer, Schüler und Eltern zu einem unglaublich beengenden, stringenten und belastenden Vorhaben. »Ja, aber Kinder brauche doch Strukturen und klare Schrittfolgen!«, höre ich Verfechter der großen Unterrichtsplanerei sagen. Ich plädiere ja nicht dafür, dass wir junge Menschen der Willkür zuführen und Lehrer »irgendwas« machen. Jeder, der sich als Lehrer darum bemüht, den Unterricht zu öffnen, weiß, dass dieses Unterfangen nur auf der Basis einer klaren und gut durchdachten Strukturierung gelingen kann. Aber: Schüler sind keine Verwaltungsangelegenheiten und Lehrer keine Verwaltungsangestellten. Schüler und Lehrer sind Menschen.

Es wird dringend Zeit, dass bereits angehenden Lehrern die Chance gegeben wird, sich mit sich selbst und ihrem Berufswunsch bekannt zu machen. Denn erst wenn ich eine Ahnung davon habe, wer ich bin, wofür ich stehe und was meine Integrität ausmacht, kann ich meine mögliche Berufung zum Lehrer vor dem Hintergrund der Institution Schule auskundschaften, hinterfragen und verantworten. Nach meiner Erfahrung gibt es großartige Lehrer, die jedoch nicht in die Institution Schule (von heute) passen. Manchen von ihnen geht es im Laufe der Zeit hundsmiserabel, weil sie in Unkenntnis ihrer Integrität und eingedenk unrealistischer Vorstellungen Schullehrer geworden sind und nach vier, fünf Jahren im Lehrerberuf nicht mehr umschwenken wollen oder können. Heute werden Menschen zum Lehramtsstudium zugelassen, allein weil ihre Abiturnote »reicht«. Das reicht aber nicht! Wir müssen die jungen Leute fragen, warum sie Lehrer werden wollen und wir müssen ehrlich sein! Wir könnten sagen:

»Schule befindet sich gerade im Umbruch, und wir brauchen dringend Leute, die Lust darauf haben, eine Schule zu denken und zu gestalten, von der wir gegenwärtig nicht sagen können, wie sie in fünf, zehn, fünfzehn Jahren aussehen wird. Die momentane Situation birgt für junge, angehende Lehrer wunderbare Entwicklungs- und Entfaltungsmöglichkeiten, aber auch nicht zu unterschätzende Gefahren. Damit ihr innerhalb der ersten Ausbildungsphase der Frage nachspüren könnt, ob ihr wirklich Lehrer werden wollt und ob ihr euch selbst für geeignet haltet, werdet ihr von Anfang an Praxiserfahrungen sammeln und über diese regelmäßig mit einem persönlichen Coach sprechen. Nach Beendigung der ersten Phase werden wir euch fragen, ob ihr immer noch Lehrer werden wollt und warum.« Coaching für angehende Lehrer? Wer soll denn das bezahlen? Ich glaube, dass Investitionen in eine hochwertigere (weil persönlichere) Lehrerausbildung langfristig deutlich weniger kosten würden, als die Auswirkungen fehlender Qualität und hoher Krankenstände zu finanzieren.

Ich kann mich nicht daran erinnern, dass wir uns während der universitären Ausbildung mit Fragen auseinandersetzten, die sich auf uns und die persönliche Seite unseres Berufes bezogen. Dabei wäre es für mich und wohl auch für meine Kommilitonen so wichtig gewesen, den Fokus nicht ausschließlich auf die Geschichte der Pädagogik, Schüler, große Unterrichtsvorbereitungen, kardinale Unterrichtsprinzipien und Schulrecht zu richten, sondern mit Hilfe kompetenter Begleitung den Blick in Richtung der eigenen mentalen Modelle, Kindergelübde, Notlösungen, Potentiale, Grenzen, Bedürfnisse, Werte und Überzeugungen zu schärfen. DAS (in Verbindung mit entsprechenden Selbsterfahrungen) und nicht Faktenwissen stärkt die Beziehungskompetenz des (angehenden) Lehrers. Lehrer mit Beziehungskompetenz stellen zuallererst eine stabile Verbindung zu sich selbst her. Sie verfügen über einen starken Selbstwert, das heißt, sie wissen viel über sich selbst (inklusive »Macken«), sie wissen, dass sie niemals alles über sich in Erfahrung bringen können, und sie sind in der Lage, die gewonnen Selbsterkenntnisse zu verantworten. Besonders in Phasen, in denen es im Spannungsfeld aus Integrität und Kooperation schwierig wird – in Schule im Prinzip ein Dauerzustand – können beziehungskompetente Lehrer auf Selbstführungskompetenz zurückgreifen.

Als Lehrer muss ich ganz gewiss nicht alle meine biographischen Themen geklärt haben, um mit Kindern, Jugendlichen oder auch Eltern in einen gleichwürdigen Dialog treten zu können. Mit diesem Anspruch dürfte kein Mensch Lehrer werden.

Allerdings muss ich wissen, dass es mich und meine Themen auch im professionellen Kontext gibt: »Ich finde statt – als Mensch!« Sich empathisch auf einen Menschen und dessen Ängste, Schmerzen oder Trauer einzustimmen, ohne zu verschmelzen und ohne von eigenen biographischen Themen überwältigt zu werden, setzt voraus, den empathischen Kontakt zu sich selbst zu wahren. Ohne es zu wissen, leiden heute viele Lehrer unter empathischem Stress. Dadurch, dass sie vollkommen unkontrolliert und ungeschützt in Beziehung gehen, absorbieren sie den Schmerz anderer Menschen. Auf Dauer drohen sie innerlich auszubrennen. Zwischen »Ich sehe dich« und »Ich übersehe mich« passt manchmal gerade noch eine Briefmarke. Und dennoch: Zwischen »Von Lehrer zu Schüler« und »Von Mensch zu Mensch« liegen Welten. Welten, die nicht aufgrund objektiver Gesetzmäßigkeiten oder Baupläne SIND, sondern Gestalt annehmen vor dem Hintergrund dessen, wer wir sind und wie wir unser Dasein deuten. Wenn die kleine Sandra weint und ich mich auf ihre Trauer einstimmen will, kann ich das nur machen, weil ich Trauer kenne und meine Spiegelneuronen feuern. Auch in mir gibt es das kleine Kind, das unzählige Male Verletzungen davongetragen hat, weil es hingefallen ist oder verletzt wurde. Ich halte den Kontakt zu mir, während ich der trauernden Sandra mit Empathie begegne. Sollte ich mich nicht bekannt und ausgesöhnt haben mit dem verletzten Kind in mir, kann es passieren, dass ich Sandra für ihr Gefühl »falsch« mache. Die dazugehörigen Reaktionen könnten lauten: »Jetzt hör endlich auf zu flennen!« – »Nun stell dich nicht so an!« – »Pass doch besser auf!« – »Ich halt das nicht mehr aus!«

Richtungswechsel

Seitdem ich eine Ahnung davon habe, dass Lehrer noch etwas anderes brauchen könnten als Fachwissen und Methodenkompetenz und Schüler etwas anderes als pädagogisch wertvolle Stimulation und unnahbare Lehrer, treibt mich eine Frage um:

»Wie kann ich als Lehrer gut für mich sorgen UND die Integrität meiner Schüler wahren?«

Als junger Mann und angehender Lehrer wusste ich auf diese Frage keine Antwort. Ich kannte ja noch nicht einmal die Frage. Ich wollte »es« ganz einfach anders machen. Das war mein erstes Motiv. Also machte ich »es« anders. Zumindest manchmal. In »guten« Zeiten war ich freundlich, humorvoll, einladend, nachgiebig, flexibel. In »schlechten« Zeiten war ich eher unfreundlich, humorlos, ausladend, unnachgiebig, starr oder chaotisch. War ich beziehungskompetent? Nein. Eindeutig nicht. Wie hätte ich es auch sein können? Schließlich arbeiteten wir während unserer Ausbildung (und auch später) nicht an unserer Beziehungskompetenz. Wir beschäftigten uns eher mit dem Untergang der Armada, pädagogischen Maßnahmen und Lernen an Stationen.

»Du musst deinen Schülern gleich zeigen, wo es langgeht!« Dieser Satz wurde mir zum Beginn meines Referendariats überreicht wie ein Strauß Blumen. Also zeigte ich meinen Schülern, wo es langging. Ich sanktionierte jedes »Fehlverhalten« und war mächtig stolz, wenn es mir gelang, Kindern und Jugendlichen den rechten Pfad zu weisen. War ja schließlich für einen guten Zweck. Heute frage ich mich: Für welchen Zweck? Und warum sollte der überhaupt gut sein? Im Laufe der Zeit wurde mir immer klarer, dass ich in Konfliktsituationen entweder die persönliche Integrität meiner Schüler missachtete oder aber meine persönlichen Grenzen aufweichte. Nach zähen inneren Verhandlungen stand für mich fest, dass ich das so nicht mehr will. Ich entschied mich neu. Ich wusste nicht wirklich, in welche Richtung es für mich gehen würde, zumal ich noch immer von der Idee besessen war, dass ein Lehrer dafür sorgen müsse, Schüler zu motivieren, zu befüllen und sozial kompetent zu machen. Ich strengte mich noch mehr an, war um mehr Freundlichkeit bemüht und stellte entsetzt fest, dass genau das eintraf, was mir etablierte Kollegen prophezeit hatten. Meine Schüler liefen »über Tische und Bänke«. Sie hatten sich so sehr an eine Lehrerautorität gewöhnt, die sanktioniert, schimpft, bloßstellt und für »RUUUHE!« sorgt, dass sie mit einem Lehrer, der einen anderen Weg einschlagen wollte und dem es an persönlicher Autorität fehlte, komplett überfordert waren. Eines Tages las ich ein Zitat von Nina Hagen, und plötzlich – ich bog mich vor Lachen – wurde mir klar, in welche Falle ich in der Zeit meiner Neuausrichtung getappt war. Gewiss: Zum Lachen ist das Dilemma nicht, in dem viele Lehrer und Eltern heute stecken. Aber gerade deswegen tut es gut, sich und seinem Tun regelmäßig mit Humor zu begegnen. Wir Eltern und Pädagogen machen manchmal wirklich komisches Zeug. Und da darf man dann auch mal lachen.

Hier das Zitat von Nina Hagen:

»Ich erziehe meine Tochter antiautoritär, aber sie macht trotzdem nicht, was ich will.«

Warum passt dieses Zitat zu der Situation, vor der ich als verunsicherter Lehrer stand?

Einige Vorbemerkungen:

Ich will vermeiden, Eltern und Lehrer über einen Kamm zu scheren. Die Beziehung zwischen Eltern und Kindern sind Liebesbeziehungen, und allein deswegen halte ich es für unumgänglich, sehr klar zwischen Schule/Lehrer auf der einen und Familie/Eltern auf der anderen Seite zu unterscheiden. Unbedingt müssen Eltern Eltern bleiben. Sie sollten gar nicht erst den Versuch unternehmen, Pädagogen zu spielen und sich zu professionalisieren. Kinder verbringen ihre Schulzeit mit Pädagogen. Das Zuhause darf guten Gewissens zur unprofessionellen Zone erklärt werden.

Und die Professionellen müssen die Professionellen bleiben. Aus meiner Sicht darf das aber nicht bedeuten, dass sich Lehrer hinter einer Fassade aus Regeln, Expertentum und Unpersönlichkeit verbarrikadieren. Sie müssen und dürfen sich zu erkennen geben, als Menschen mit Grenzen, Werten und Bedürfnissen. Darüberhinaus – und ich glaube, dass es an dieser Stelle große Missverständnisse gibt – müssen sie, im Gegensatz zu Eltern, über Beziehungskompetenz verfügen. Zumindest sollten sie die Bereitschaft aufbringen, an der eigenen Beziehungskompetenz zu arbeiten.

Beziehungskompetenz ist den Professionellen vorbehalten.

Gemeinsamkeiten gibt es zwischen Eltern und Pädagogen natürlich dennoch. Zum Beispiel: Eltern und Pädagogen sind Menschen mit Vorgeschichten. Viele Erwachsene treffen heute aufgrund der eigenen Geschichte(n) eine mehr oder weniger bewusste Entscheidung. Sie wollen andere Wege gehen als ihre Vorbilder.

Und dann lesen sie Bücher über Gleichwürdigkeit, persönliche Sprache und Dialog und fachsimpeln über Grenzen, Regeln und Konsequenzen. Sie versuchen, das umzusetzen, was sie kognitiv verarbeitet haben und reiben sich eines Tages verwundert die Augen, weil abseits des bewussten Denkens sehr alte, sehr schnelle, sehr hartnäckige Überzeugungen wirken und möglicherweise im Widerspruch zu dem stehen, was der Denker denkt. Ich dachte lange Zeit, ich müsse als Lehrer einfach etwas anders sein – etwas lockerer, etwas antiautoritärer, etwas mehr »auf Augenhöhe« – und schon würden mir meine Schüler aus der Hand fressen. In Anlehnung an das oben angeführte Hagen-Zitat, machte ich folgende Erfahrung:

»Ich unterrichte meine Schüler antiautoritär, aber sie machen trotzdem nicht, was ich will.«

Der Schuss ging komplett nach hinten los. Warum? Ich wusste nicht genau, was ich warum wollte und wie ich das, was mir unklar war, umsetzen konnte. Wie auch? Schließlich kann ich nur machen, was ich will, wenn ich weiß, was ich will (und nicht will). Ich habe im Laufe der Zeit festgestellt, dass ich immer schon – und zwar lange, bevor ich bewusst darüber nachdenken konnte – den Wunsch hatte, mit Menschen in einen gleichwürdigen Kontakt zu kommen. Als ich dann anfing, als Lehrer zu arbeiten, versuchte ich, den mir unklaren Wunsch nach gleichwürdigen Beziehungen und das eher klassische Lehrerbild (rollenbedingte Autorität) zu verknüpfen. Das ist mir nicht gelungen. Nicht etwa, weil ich mich zu ungeschickt angestellt habe, sondern weil es schlicht und ergreifend nicht möglich ist, gleichwürdige Beziehungen anzubahnen und zur gleichen Zeit Gehorsam zu verlangen.

Wenn ich meinen Schülern gleichwürdig begegnen und den Schritt von der rollenbedingten zur persönlichen Autorität wagen will, darf ich davon ausgehen, dass sie mir erst recht nicht mehr blind folgen oder strammstehen. Gleichwürdigkeit unterbricht die alte Befehlskette. Wenn es mir aber gelingt, mich persönlich erkennen zu geben und (auch in stürmischen Zeiten) bei meinem Wert Gleichwürdigkeit zu bleiben – ohne meine Führungsverantwortung abzutreten – dann werden viele junge Menschen durchaus mit mir zusammenarbeiten. Nicht weil sie unter Strafandrohungen zur Zusammenarbeit gezwungen werden, sondern weil sie mir vertrauen und mit mir zusammenarbeiten wollen.

Ich betone: Ich spreche hier weder von einer Formel noch von einer Methode. Immer wird es Kinder und Jugendliche geben, die mit Schule und mir als Lehrer nichts am Hut haben. Egal, wie sehr ich auch um gute Beziehungen bemüht bin. Ich spreche von einem veränderten Miteinander, dessen Essenz der Lehrer als Professioneller zu verantworten hat (asymmetrische Beziehung). Um es sehr pragmatisch auszudrücken: Das ist sein Job!

Und manchmal, wenn man als Lehrer nur noch verschulte Gedanken denkt und sich fragt, wie es möglich werden kann, seinen Schülern anders als bisher zu begegnen, kann es hilfreich sein, sich an ein Leben außerhalb von Schule zu erinnern. Gerade dann, wenn es kompliziert wird – und ich kann wahrlich ein Lied davon singen, dass es im Zusammenleben mit Schülern, Eltern, Kollegen (und mit mir selbst) ziemlich verworren werden kann –, versuche ich, mich etwas zu lösen vom Schulkontext. Dann gehe ich der Frage nach, wie ich im »normalen Leben« bin, wirke und was ich brauche, damit ich mich im Beisein mir wichtiger Menschen wohlfühlen kann. Das wiederum erinnert mich daran, was andere Menschen möglicherweise VON MIR brauchen, damit sie sich in meiner Gegenwart wohlfühlen.

»Ja, aber man kann doch Schule nicht mit dem ›normalen Leben‹ vergleichen. Das ist doch etwas ganz anderes!«

Ist es das? Wollen wir tatsächlich unterscheiden zwischen Schule auf der einen und einem normalen (oder richtigen) Leben auf der anderen Seite?

Hinsichtlich meines »außerschulischen Lebens« ist in mir in den letzten Jahren die nicht ganz einfach zu verdauende Erkenntnis gereift (quantitative Dimension des Selbstwertgefühls), dass es offensichtlich gar nicht so einfach ist, mit mir Zeit zu verbringen. Regelmäßig bekam und bekomme ich von Freunden, meiner Partnerin oder meinem Kind die Rückmeldung, dass ich ziemlich zickig und trotzig werden und Kritik bisweilen nur schwer annehmen kann. Was veranlasst mich zu der Annahme, dass ich als Lehrer mit komplett anderen Reiz-Reaktions-Mustern ausgestattet wäre und in Beziehung treten würde? Auch in Unterrichtssituationen oder Elterngesprächen kann es vorkommen, dass ich mich angegangen fühle und reflexartig Gegenoffensiven starte. Wie gehe ich nun als Professioneller mit dieser Erkenntnis um (qualitative Dimension des Selbstwertgefühls)? Selbstgeißelung? So tun »als ob« und mir, meinen Schülern und deren Eltern etwas vorspielen? Nein! Ich darf meine persönlichen Baustellen haben. Ich darf auch mal unbequem und »doof« sein. Ich muss nicht immer lieb und verständnisvoll sein. Ich bin ein Mensch und kein Plüschtier. Jedoch darf ich nie vergessen, dass ich durch die Art und Weise, wie ich mich verhalte, auf Schüler, Eltern und die Beziehungen zu ihnen einwirke. Mein Grundsatz: Egal wie schwierig eine Situation auch sein mag, als Lehrer trage ich die Verantwortung für die Qualität des Miteinanders. Und wenn mir meine Schüler spiegeln, dass es ihnen mit mir als Lehrer nicht gut geht, schaue ich erst in den Spiegel und dann auf die Prozessebene. Gerne auch mit Hilfe meiner Schüler: »Ich habe den Eindruck, dass die Stimmung in unserer Gruppe seit einiger Zeit ziemlich schlecht ist. Ich möchte gerne von euch wissen, ob ihr das ähnlich seht und ob die miese Atmosphäre vielleicht auch mit mir tun hat.« Wenn die Einladung an meine Schüler wirklich aufrichtig gemeint ist, werde ich im Regelfall wertvolle Informationen erhalten, wie zum Beispiel: »Sie wirken zur Zeit sehr empfindlich und schimpfen häufiger.« Und damit ich nicht gleich wieder aus der Hüfte schieße, habe ich mir angewöhnt, nach solchen oder ähnlichen Rückmeldungen ein bis zwei tiefe Atemzüge zu nehmen, bevor ich antworte. Und dann sage ich: »Danke, dass ihr so ehrlich zu mir seid. Ich werde darüber nachdenken. Lasst uns jetzt weitermachen.«

Integrität und Kooperation – oder: »Das ist mein Garten!«

In der Wechselwirkung aus (dem Bedürfnis nach) Integrität und (dem Bedürfnis nach) Kooperation entstehen Spannungen. Sie müssen entstehen, weil Menschen in dem Wunsch nach Verbundenheit und Zusammengehörigkeit gleichzeitig nach Autonomie, Wachstum und Individualität streben. Treffen Menschen im Spannungsfeld Beziehung aufeinander, sind Konflikte vorprogrammiert. Sie gehören zu uns. Reibungslosigkeit ist eine Illusion. Entgegen unserer Natur haben viele Menschen allerdings gelernt, sich selbst zu verleugnen und zwischenmenschlichen Konflikten aus dem Weg zu gehen. Entweder, indem sie Gehorsam einfordern oder indem sie sich selbst kompromittieren. Unter Androhung von Liebesentzug, Wertlosigkeit, Strafen und Separation wurde ihnen in jungen Jahren untersagt, aufzubegehren und für sich selbst einzustehen. In den Ursprungsfamilien und Schulen etlicher Individuen war die Entfaltung und Entladung des Eigenen verboten. Konflikte und Auseinandersetzungen wurden unterbunden.

Wir bräuchten in unseren pädagogischen Einrichtungen eine Art Gewitterkultur. Es darf knallen. Es muss knallen. Wir sind Individuen, und Spannungen müssen sich entladen dürfen. Mögliche »Knalleffekte« können unter anderem Wachstum und Empathie sein. Nur wenn wir uns sehen lassen – und zwar als die, die wir sind –, bekommen wir ein Gespür für uns und für die Integrität anderer. Die entscheidende Frage dabei lautet:

Können wir in herausfordernden Situationen für uns und unsere Integrität einstehen, ohne andere zu entwürdigen?

Ich glaube, das ist die Frage, die uns alle beschäftigen darf. Vor allen Dingen uns Lehrer, denn wir sind diejenigen, die den Ton vorgeben.

Es ist viele Jahre her, da ich auf einen Lehrer traf, der kein klassischer Lehrer war und mir dennoch so viel beibrachte. Er lehrte mich, die Grenzen anderer zu respektieren. Er tat etwas ganz Besonderes: Er traf den Ton ...

Wir nannten uns »Apfelkernbande«. Wenn es Abend wurde und aus Wohnzimmern dumpfe Fernsehgeräusche bis zu den Garagen drangen – jenem Ort, der uns als Treffpunkt für etliche Raubzüge diente – schlichen wir los: neun- bis zwölfjährige, schwarz gekleidete Kinder, die wild entschlossen waren, fette Bio-Beute zu machen. Geräuscharm bezogen wir Stellung. Zwei Kinder standen Schmiere an der Straße. Zwei andere beobachteten Türen und Fenster zum Garten. Das einmalige Aufleuchten einer Taschenlampe bedeutete: »Die Luft ist rein.« Innerhalb weniger Sekunden kletterten wir erst über Zäune und dann auf Obstbäume. Unsere mitgebrachten Taschen stopften wir voll mit Äpfeln, Birnen oder Pflaumen. Die besonders Mutigen ließen es sich schmecken, noch während sie auf den Bäumen saßen. Wir aßen so viel geklautes Obst, dass wir den

Nachhauseweg mit Magenschmerzen antraten. Geklautes Obst schmeckte großartig, und Wegschmeißen war verboten. Das gehörte zum Ehrenkodex der »Apfelkernbande«. Im »Notfall« beschenkten wir Mütter und Großmütter, die sich zumeist mit der Erklärung zufrieden gaben, die Früchte von Nachbarn geschenkt bekommen zu haben. Nach unserem Verständnis stimmte das ja auch irgendwie. Auf jeden Fall duftete es zu der Zeit im ganzen Viertel regelmäßig nach leckerem Kuchen. Eines Tages jedoch ist mir der Appetit vergangen. Nach der Schule traf ich einen älteren Herrn aus der Nachbarschaft. Er gehörte zu den wenigen Erwachsenen, die nicht mit erhobenem Zeigefinger auf uns zugingen, sondern freundlich, klar und deutlich. Er sagte:

»Ich weiß, dass ihr die Äpfel aus meinem Garten klaut. Ich bin zwar alt, aber nicht doof. Wir haben früher auch die Gegend unsicher gemacht, und ich kann mich gut daran erinnern, was für einen Spaß wir hatten. Das gehört wohl dazu, wenn man Kind ist. Und trotzdem: Ich will, dass ihr damit aufhört. Mir macht es große Mühe, meinen Garten zu pflegen. Und wenn ich mich schon so anstrenge, will ich auch etwas davon haben. Verstehst du das?« – »Ja.« – »Ihr könnt mich gerne besuchen kommen, und dann essen wir gemeinsam vom Baum. Das ist kein Problem. Aber es ist mein Garten, es sind meine Bäume, es sind meine Äpfel. Ich bestimme darüber, was in meinem Garten passiert. Klar?« Klar war mir das klar. Seine persönliche Ansprache zeigte Wirkung, und wir ließen ihn und seinen Garten fortan in Ruhe. Nicht, weil ich verängstigt oder eingeschüchtert war. Nein, ich war von seiner Art, mit mir zu reden, zutiefst beeindruckt und berührt. Er hat-

te mir deutlich zu verstehen gegeben, wo seine Grenzen liegen. Hätte er mir allerdings gedroht und seinen Garten mit Stacheldraht versehen, wäre ich am nächsten Abend wahrscheinlich mit einem Bolzenschneider angerückt.

Risiken und Nebenwirkungen

An meiner Beziehungskompetenz darf und muss ich als Lehrer arbeiten. Ich kann sie mir nicht anlesen, ich darf sie erfahren. Ich darf herausfinden, wie Gleichwürdigkeit, persönliche Autorität, Dialog und Empathie schmecken. Mit Hilfe anderer Menschen, die ich zum Beispiel im Rahmen von familylab-Seminaren antreffe, verlasse ich meine Komfortzone, wissend, dass ich mich in einem geschützten Raum befinde. »Warnen« muss ich vor Risiken und Nebenwirkungen. Denn wenn ich im Zuge meiner fachpersönlichen Weiterentwicklung erste Geschmacksproben genommen habe, komme ich möglicherweise an einen Punkt, an dem ich nicht mehr so weitermachen kann wie bisher. Wenn ich den Schritt von der rollenbedingten zur persönlichen Autorität wage, muss ich verzichten auf traditionelle Machtinstrumente. Ich wähle ein von Respekt geprägtes Miteinander anstatt ein von Angst dominiertes Gegeneinander. Mehr noch: Ich werde mich zwangsläufig fragen, wie ich als Lehrer in einem Schulsystem arbeiten will (und kann), das auf Gehorsam, Macht, Homogenität und klassischen Jahrgangsstufen-Unterricht setzt. Viele Lehrer kommen an dieser Stelle an einen ziemlich schwierigen Punkt. Sie fragen sich, ob, wo und wie es für sie weitergehen kann ...

1. Einfach so weitermachen wie bisher? Geht nicht. Das innere Werte-Mobile ist in Bewegung geraten und lässt Stillstand nicht mehr zu.

2. Schule wechseln, zum Beispiel an eine Schule mit besonderem Konzept? Das kann ein sinnvoller Schritt sein, allerdings stellen viele Lehrer irgendwann fest, dass gerade Schulen in freier Trägerschaft mitunter vollkommen unklare, von Inkongruenz dominierte Gebilde sind, in denen Lehrer und Schüler erst recht unter die Räder kommen können.

3. Den Lehrerberuf an den Nagel hängen? Mehrere Lehrer traf ich in der Vergangenheit, die den Dienst nach wenigen Jahren quittierten, da sie am Ende ihrer Kraft waren und nach eigenen Aussagen »zu weich« seien für diesen Beruf. Nachvollziehbar, aber schade, denn nach meiner Überzeugung brauchen unsere Schüler dringend empathische, »weiche« Lehrer. Ich meine damit keine Menschen ohne Konturen und Autorität, sondern Erwachsene, die den Kontakt zu sich und den eigenen Gefühlen halten können, während sie Heranwachsende nach ihren Prämissen sehen.

4. Eine Schule in freier Trägerschaft gründen? Für Menschen, die die Kraft, den Mut und die Fähigkeiten haben, kann das eine Möglichkeit sein. Da ich aber an vielen freien Schulen gearbeitet habe, in denen Widersprüchlichkeit, Rechthaberei und Machtansprüche das Miteinander ausmachten, möchte ich hinweisen auf Punkt 2 und dringend anraten, sich seiner Motive zuzuwenden.

5. Im Rahmen der derzeitigen Möglichkeiten das Optimum bewirken und »kleine« Veränderungen anbahnen? Manche sagen, dass das nicht geht. Besonders hartnäckige Schulgegner vertreten gar die Mei-

nung, man mache sich als Lehrer schuldig, so man im System Schule bliebe. Hier möchte ich etwas ausholen ...

Veränderungen an der Basis

»Gott gebe mir die Gelassenheit, Dinge hinzunehmen, die ich nicht ändern kann, den Mut, Dinge zu ändern, die ich ändern kann, und die Weisheit, das eine vom anderen zu unterscheiden.«

Reinhold Niebuhr

Ich glaube, dass es an jeder Schule Lehrer gibt, die, trotzdem sie sich an Lehrpläne, Weisungen und Strukturen zu halten haben, einen Weg finden, von Vertrauen und Respekt geprägte Beziehungen einzugehen und anzubieten. Sie stellen sich den zum Teil erbärmlichen und widersprüchlichen Bedingungen, anstatt Vorwürfe gegen alles und jeden zu erheben. Sie wissen und spüren, dass sie es sind, die Verantwortung übernehmen müssen für die eigenen Gefühle, für die eigene fachpersönliche Integrität, für die Qualität der Beziehungen und für die Tatsache, dass Menschen unterschiedlicher werden, je älter sie sind. Für sie sind Abweichungen von »der« Norm die Norm. Sie stellen sich den täglichen Herausforderungen und lassen sich nicht beirren von jenen, die meinen, man unterstütze ein destruktives System, indem man im System bleibt. Sie sind Kraftquellen und bekräftigen junge Menschen in ihrem Sosein.

»Das geht ja eigentlich gar nicht«, mögen Schulkritiker sagen. Ja, genau. Das geht angesichts beziehungsverhindernder, auf Vergleich und Konkurrenz ausgelegter Schulstrukturen eigentlich nicht.

Und gerade weil das im Prinzip nicht geht, ist die Leistung derer, die Courage zeigen und dafür sorgen, dass da trotzdem etwas geht, gar nicht hoch genug einzuschätzen.

Sowohl an staatlichen Schulen als auch an Schulen in freier Trägerschaft arbeiten Lehrer, die die Herzensmelodien junger Menschen zum Klingen bringen. Ihnen gebührt Dank, denn abgesehen davon, dass sie und ihre Angebote für viele Schüler oft der einzige Grund sind, weswegen sie überhaupt noch zur Schule gehen, wirkt ihr positiver Einfluss auch Jahre später noch nach. Immer wieder äußern sich Erwachsene auf die Frage, weswegen sie den Mut hatten, ihren ganz eigenen Weg zu gehen, mit den Worten: »Ich hatte da mal einen Lehrer ...« (Ich übrigens auch! Danke an Jürgen Albrecht!)

Was zeichnet Lehrer aus, die die Herzensmelodien junger Menschen zum Klingen bringen?

Sie wissen: Das Wichtigste in der Schule sind die Menschen (und deren Gesundheit). Sie sind begeistert und begeistern. Sie laden ein, inspirieren und lernen mit. Sie fördern und fordern Individualität, Gemeinschaft und Konfliktfähigkeit. Sie spüren: Die Gesamtheit ist mehr als die Summe aller Teile. Sie gestalten Angebote auf der Basis von Differenzierung und Verbundenheit. Für die Qualität des Miteinanders übernehmen sie die volle Verantwortung. Sie sind echt und verschanzen sich nicht hinter einer Rolle. Ohne Selbstwert zu mindern, sind sie kritisch. Sie fungieren als Sparringspartner, das heißt, sie leisten maximalen Widerstand, in dem Bestreben, keinen existentiellen Schaden zufügen zu wollen.

Und ganz wichtig: Sie sind nicht perfekt!

Ich wiederhole: Es ist vollkommen in Ordnung, wenn Lehrer nicht jeden Tag freudestrahlend in die Schule schweben und sich ein künstliches Lächeln auf ihr Gesicht setzen. Natürlich dürfen Lehrer auch mal übellaunig, müde und trotzig sein. Meine Erfahrung ist, dass Kinder und Jugendliche eher auf sichtbare und sichtlich genervte Menschen vertrauen als auf lächelnde Strategen, die mit verdecktem Blatt spielen. Schüler rechnen es Lehrern hoch an, wenn sie sich zu erkennen geben. Dann lassen auch sie die Masken fallen, was nach meiner Einschätzung sehr oft missdeutet wird. Eine laute Klasse muss nicht zwangsläufig ein zu sanktionierendes Disziplinproblem haben. Vielleicht ist es dem Lehrer ganz einfach gelungen, eine angenehme Atmosphäre zu schaffen, in der sich junge Menschen trauen, »echt« zu sein.

Schwierig wird es immer dann, wenn Lehrer schlechte Stimmung verbreiten, weil sie entweder nicht anders können oder aber der Meinung sind, man müsse als Lehrer unfreundlich sein, damit Schüler hören. Manche begründen ihre Übellaunigkeit auch mit DEN Schülern oder DEN Eltern. Der unwitzige Witz ist, dass solche Lehrer in Kollegien oft ein hohes Ansehen genießen. Sie verkörpern Autorität und strahlen eine verzerrte Professionalität aus.

Ein weitsichtiger Schulleiter lässt sich nicht blenden und bietet Hilfe an. Und wenn die Hilfe nicht angenommen wird?

Eines will ich ganz klar sagen: Niemand ist gezwungen, Lehrer zu sein! Der Lehrerberuf kann wahrlich eine Berufung sein. Wer kein Lehrer sein will, sollte bitte kein Lehrer werden oder sich einen anderen Beruf wählen.

Andersherum ist natürlich auch kein Lehrer dazu verdammt, das Verhalten mancher Schulleiter auszuhalten. Dazu Ulrich Kurrle, Beratungslehrer:

»Wer als engagierter Lehrer auch trotz schimpansoidem Dominanzgehabe seiner Schulleitung auch einmal laut und deutlich NEIN sagt, macht zwar nie Karriere, bringt seine Schülerinnen und Schüler jedoch weiter als ein kadavergehorsamer Jasager. Ich spreche da aus Erfahrung.«

Dem möchte ich nichts hinzufügen ...

Unsicherheit

Trotz (oder gerade aufgrund) meiner Ansichten zum Thema Schule bin ich oft unsicher. Entgegen traditioneller Glaubenssätze erlaube ich mir jedoch, unsicher zu sein. Unsicherheit, wenn sie nicht in übermäßige Angst ausartet und dazu führt, anderen Menschen den Krieg zu erklären, kann offene und bisher ungestellte Fragen an die Oberfläche spülen und wichtige Entwicklungsschritte einleiten. Unsicher bin ich zum Beispiel an folgendem Punkt:

In dem Wissen um meinen wichtigsten Wert Gleichwürdigkeit ist mir einerseits vollkommen klar, dass es für uns Lehrer im Prinzip nicht möglich ist, gleichwürdige Beziehungen mit Schülern und Eltern einzugehen, weil es zumindest in Deutschland (noch) die Schulpflicht gibt. Gleichwürdigkeit und Zwang sind gegensätzliche Pole, die sich nicht anziehen. Was aber mache ich nun mit dieser Erkenntnis? Muss ich all meine Bemühungen eingedenk des verpflichtenden Schulcharakters einstellen? Bin ich ein Verbrecher, wenn ich im Schulsystem bleibe, um Menschen zu begleiten, von denen viele Not leiden? Bin ich doof oder naiv, wenn ich davon überzeugt bin, dass ich etwas an der Basis bewegen kann?

Ich schrecke ehrlicherweise zurück vor Idealisten, die im Entweder-Oder-Denken stecken. Manche Überzeugte werfen mir und anderen Inkonsequenz vor. Nach dem Motto: »Wer ›es‹ erst mal verstanden hat, kann nicht mehr Schullehrer sein.«

Bisweilen spüre ich, dass ich pädagogischen Feuergeistern und brennenden Kämpfern »für eine gute Sache« nicht über den Weg traue. Sehr deutlich empfange ich die Botschaft: »Sei vorsichtig. Du könntest dir die Finger verbrennen.«

»In dir muss brennen, was du in anderen entzünden willst«, meinte Aurelius Augustinus.

Und was meine ich?

»Aber sei dir gewiss, dass auch du keine Kontrolle hast. Weder über das Feuer, das in dir brennt, noch über die Flamme, die du zu entzünden gedenkst. Mögest du also gut Acht geben, auf dass du nicht ausbrennst oder erstickst an einem Flammenmeer aus Überheblichkeit. Lade andere ein, sich mit dir an deinem Feuer zu versammeln. Lasst euch erwärmen. Lasst euch begeistern. Lasst euch inspirieren.

Aber sei achtsam, auf dass du nicht zum Brandstifter wirst, der sich rühmt, jene Flammen zu löschen, die er selbst entfachte.

Zeige Demut und erhebe dich nie über die Kraft des Feuers.«

Ich habe Schwierigkeiten mit Menschen, die in die Schlacht ziehen für eine menschenfreundlichere Schule. Egal, wie stichhaltig ihre Argumente auch sein mögen. Die Art und Weise, wie Menschen Wendepunkte herbeiführen und bewältigen, enthält bereits die Energie, die das, was nach der vermeintlichen Wende sein wird, bestimmen wird. In der Menschheitsgeschichte ging so manche Revolution direkt über in die nächste menschenverachtende und verängstigende Diktatur. Ich glaube, dass wir alle, egal aus welcher Ecke wir stammen, eine riesengroße Herausforderung zu bewältigen haben. Wir müssen einerseits Klarheit darüber gewinnen, was wir wollen beziehungsweise nicht wollen, und andererseits bereit sein, feste Überzeugungen und Bilder zu hinterfragen und gegebenenfalls aufzugeben. »Reformierte« sollten von Lehrern nicht verlangen, dass sie sich kritisch mit ihren Haltungen auseinandersetzen, während sie – in der sicheren Annahme, auf dem »richtigen« Weg zu sein – starr an dem festhalten, was ihre innere Hollywood-Fabrik auf die Gedanken-Leinwand wirft. Für mich ist es unbefriedigend, mit reformwütigen Schulgegnern ins Gespräch zu kommen, die wie klassische Schulmeister Argumente gegen das bestehende Schulsystem ins Feld führen. Und ich weiß sehr genau, dass auch ich regelmäßig vom Virus der Reformwut und Besserwisserei befallen bin.

Mehr denn je brauchen wir den Dialog beziehungsweise die Bereitschaft zum Dialog. Wir müssen und dürfen uns gegenseitig zuhören, neugierig sein, aufgeschlossen sein, uns zeigen, andere einladen.

Und uns verabschieden vom Elend der Rechthaberei.

Ich hoffe sehr, dass immer mehr Lehrer mit Eltern in den Dialog darüber gehen, ob und wie es möglich werden kann, den allgegenwärtigen Schuldruck zu verringern, anstatt ihn stetig zu erhöhen. Das ist auch deswegen eine nicht zu unterschätzende Aufgabe, weil nach meiner Erfahrung viele Eltern mit ähnlichen Ängsten und Überzeugungen »ausgestattet« sind wie wir Lehrer. Die meisten Eltern und Lehrer bedienen sich unbewusst der Überlebensstrategien, die sie in jungen Jahren erlernt haben. Anstatt sich bewusst und in annehmender Haltung denjenigen Bedürfnissen zuzuwenden, auf die Ängste wie Signalleuchten hindeuten, werden Ängste und vermeintliche Angstauslöser ignoriert, verharmlost, weggedrückt, bekämpft. Hinzu kommt die unsägliche Tendenz, dass sich verängstigte Eltern und Lehrer für ihre Ängste zumeist abwerten und geringschätzen. Tief sitzt der übernommene Glaubenssatz, dass Angst ein Zeichen für Schwäche sei und Schwäche den Schwächlingen und Verlierern vorbehalten sein sollte. Und zu den Schwächlingen und Verlierern darf man auf keinen Fall gehören.

Verängstigte Eltern

Mit der Geburt meiner Tochter hat sich mein Leben komplett verändert. Aus einem Langzeitstudenten ist ein Erwachsener geworden, der, wie 99 Prozent aller Eltern, versucht, seinem Kind verantwortungsvoll und stärkend zur Seite zu stehen (und der sich ganz gewiss nicht immer erwachsen verhält). Hat sich mein Elternsein auf meine Arbeit als Lehrer ausgewirkt? Ja. Bevor ich Vater wurde, war mir als Lehrer sehr klar, wie man als Eltern zu sein hatte. Was für eine unreife Arroganz. Ich denke, dass ich aufgrund meiner Erfahrungen als Vater heute mit deutlich mehr Einfühlungsvermögen und Toleranz mit Eltern ins Gespräch kommen kann. Mir sind all die Unsicherheiten, Unzulänglichkeiten und Ängste bekannt, die man als Eltern erleben kann.

Spätestens ab dem Zeitpunkt, an dem wir Eltern werden, werden wir regelmäßig mit den großen, unerledigten Themen in unserem Leben und mit den damit einhergehenden Ängsten konfrontiert. Ich glaube, dass jeder, der Kinder hat, die nicht immer leicht zu verdauende Erfahrung macht, an seine persönlichen Grenzen zu geraten und weit darüber hinaus. Unsere Kinder haben die außergewöhnliche Gabe, unsere wunden Punkte zu treffen. Die gute und durchaus paradoxe Nachricht lautet: Gerade dadurch haben wir die Chance, mehr über uns und die eigenen Grenzen zu erfahren. Schließlich lernen wir unsere Grenzen zumeist erst dadurch kennen, dass sie überschritten werden. Wir haben die Wahl: Wollen wir unsere

Kinder zu Projektionsflächen unserer Ängste machen und ihnen nach traditioneller Denkart Grenzen setzen? Oder wollen wir an den Erfahrungen wachsen, die wir im Zusammenleben mit unseren Kindern machen, und lernen, unsere Grenzen anzuerkennen und persönlich mitzuteilen? Wollen wir unsere Kinder dafür verantwortlich machen, dass in uns belastende Gefühle aufkommen? Oder wollen wir lernen, all unsere Gefühle zu integrieren und zu verantworten? In der Auseinandersetzung mit uns und unseren natürlichen Gefühlen (Angst, Aggression, Trauer, Sexualität, Liebe) sollten wir unbedingt berücksichtigen, dass Heranwachsende von uns lernen, das Gefühlsleben eines Erwachsenen zu führen. Gefühlsarmut ist in gewisser Weise vererbbar. Nicht unbedingt über Gene, sondern über vorgelebtes Leben.

Alle Eltern werden in bestimmten Kontexten Eltern. Und ich glaube, dass der Lebensraum heutiger Eltern vor allen Dingen geprägt ist von Unsicherheit, Druck und Besserwisserei. Wenn du als Mutter oder Vater nicht bei dir bist und dich Gewissensbisse und Angstszenarien plagen, kann es schnell passieren, dass du dich von Ratgebern, den neusten Arbeitslosenzahlen, Discounter-Lernspielzeug, den Verwandten, Nachbarn, dem Freund eines Freundes oder Pädagogen verrückt machen lässt. Der Druck im Außen triggert deine inneren Antreiber.

Nicht genug!

Immer wieder traf ich in der Vergangenheit auf Eltern, deren größte Angst darin zu bestehen schien, dass ihre Kinder den Schulstempel »nicht genug« erhalten könnten: nicht intelligent genug, nicht erfolgreich genug, nicht gebildet genug, nicht talentiert genug, nicht fleißig genug, nicht brav genug und so weiter. Daraus zogen etliche, auffällig oft sehr »fortschrittliche« und beruflich erfolgreiche Eltern, den Schluss, dass sie als Eltern noch nicht genug getan hätten. Das Gefühl der Genugtuung war ihnen dementsprechend fremd. Also investierten sie Unmengen an Zeit, Geld, Energie und Nerven, um dem Wechselspiel aus innerem und äußerem Bildungs-, Leistungs- und Anpassungsdruck irgendwie zu genügen.

Die Angst vor einem möglichen Scheitern sitzt bei unzähligen Eltern tief. Entspricht das Lern-, Arbeits- und Sozialverhalten ihrer Kinder nicht den elterlichen Erwartungen beziehungsweise denen der Lehrer, schlussfolgern viele, sie hätten als Eltern grobe Fehler begangen: »Wenn unser Kind nicht auf das Gymnasium kommt, verhaltensauffällig oder ›irgendwie anders‹ ist, haben wir als Eltern versagt.« Unbewusst machen sie ihre Kinder zu Objekten ihrer Erwartungen und Ängste. Kindern, die die Verantwortung für das emotionale Wohlergehen ihrer Eltern übernehmen (müssen) und Beruhigungspillen in Form von guten Leistungen oder Angepasstheit verabreichen, geht es langfristig nicht gut. Eltern sind für Kinder da, nicht andersherum. Es kann durchaus sein, dass Kinder lange Zeit mit den Bildern und Sorgen der Erwachsenen »richtig herum« kooperieren und Erwartetes »liefern«. Sie wirken brav, fleißig, verantwortungsvoll, motiviert und so weiter. Auf Dauer aber gehen Überkooperationsleistungen immer zu Lasten derjenigen, die auf Kosten der eigenen Integrität überkooperieren. Manche tragen so schwer an der Bürde, andere Menschen zufriedenstellen zu müssen, dass sie eines Tages emotionale Leistenbrüche erleiden und depressiv werden. Nicht selten werden Kinder, die über mehrere Jahre überkooperierten und eine nicht zu stemmende Verantwortung trugen, krank, verhaltensauffällig, unmotiviert. Sie können den inneren Druck nicht mehr halten. Über Symptome teilen sie der Außenwelt mit: »Wir halten es nicht mehr aus!« Gerade in solchen Phasen wären sie auf Erwachsene angewiesen, die sich auf ihr existentielles Dilemma einstimmen, anstatt mit moralischem Zeigefinger auf unerwünschte Verhaltensweisen zu zeigen und mit der Diagnose »Trotzkind« oder »Problemschüler« anzurücken. Klassische, auf Gehorsam, Grenzsetzung und Defizite ausgelegte Kinderbeeinflussungsprogramme sind nach meiner Ansicht Ausgangspunkt unzähliger kleinerer und größerer Machtkämpfe und Kriegshandlungen. Menschen, die aus Angst vor Strafen und Liebensentzug das Eigene zu unterdrücken gelernt haben, entwickeln sich nicht selten zu Unterdrückern. Sie unterdrücken sich selbst, indem sie Gefühle wie Angst oder Trauer aussortieren, oder/und sie tyrannisieren Menschen, die eigene, nicht-integrierte Ich-Anteile repräsentieren.

Mit der Einschulung ihrer Kinder werden viele Eltern extrem unsicher und ängstlich. Man könnte auch sagen, dass ihr Selbstwert erheblich auf die Probe gestellt wird. Plötzlich wissen sie nicht mehr, wie sie mit dem, was sie bis vor Kurzem über sich und ihre Werte zu wissen glaubten, umgehen können. Eltern können Lehrern – trotz einer komplett anderen Ausgangssituation – in gewisser Weise die Hand reichen. Auch in ihnen kommen angesichts schulischer Erfahrungen bisweilen sehr alte Ängste hoch. Viele Eltern gehen in Resonanz mit dem von Schule ausgehenden Druck, weil auch sie in einer Gewohnheitsrealität leben, in der »ein bisschen Druck noch Niemandem geschadet hat«. Die Angst davor, zu scheitern, zu versagen, kritisiert zu werden, nicht »richtig« zu sein, nicht fleißig genug zu sein, ausgegrenzt zu werden, treibt etliche Eltern erst in den Wahnsinn und dann auf den Berater- und Expertenmarkt (oder andersherum). Gehäuft bekommen sie den Hinweis, ihren in der Schule auffällig gewordenen Kindern klare Grenzen zu setzen. Ja, das kann man so machen. Nur darf man sich als Mutter oder Vater nicht wundern, wenn sich Kinder und Jugendliche in der Folge innerlich oder äußerlich distanzieren oder auf die Barrikaden gehen. Druck erzeugt Gegendruck und sowohl siebenjährige Kinder als auch fünfzehnjährige Jugendliche können eine beeindruckende Kraft aufbringen, um sich gegen die Macht der Erwachsenen zu stemmen.

Viele Jahre habe ich als Lehrer an Grundschulen gearbeitet. Bereits Eltern von Zweitklässlern stellten Nachfragen bezüglich anstehender Bildungsempfehlungen. »Können Sie schon was sagen?«, fragten sie augenzwinkernd. »Es ist ja noch etwas früh und für uns eigentlich auch gar nicht so wichtig. Aber vielleicht können Sie ja trotzdem ... Was meinen Sie? Wird es das Gymnasium oder doch eher die Oberschule?« Solche Äußerungen klangen für mich immer ein bisschen wie:»Wird es ein Junge oder ein Mädchen?« Die meisten Eltern wollten, dass es ihre Kinder auf das Gymnasium schaffen würden. Sie taten nahezu alles, um ihren Kindern das »Grundschulabitur« zu ermöglichen.

Die Eltern von Kira waren gar der Meinung, dass man als verantwortungsvolle Eltern Freizeit und Freundschaften abschaffen müsse, um den Sprung auf das Gymnasium zu schaffen. Als sich meine Tochter eines Nachmittags mit Kira verabreden wollte – beide besuchten eine zweite Klasse – erklärte mir Kiras Mutter, warum sich unsere Töchter in den nächsten Wochen nicht sehen würden. Ihre Tochter hätte ganz einfach keine Zeit. Sichtlich gestresst, aber mit einem gewissen Stolz erzählte die Mutter, dass sie und ihre Tochter jeden Tag zwei Stunden für die Schule übten. Und wenn eine Mathematikarbeit anstehe, könnten daraus auch mal vier Stunden werden. Wichtig sei, so führte die Mutter aus, Kinder für ihren Einsatz dann auch mal zu loben ...

»Sooo wichtig ist der ganze Schulzirkus nicht ...«

Manchmal denke ich darüber nach, was ich zu verunsicherten Schuleltern sagen könnte, so sie mich um Rat bäten und ich nur einen Satz aussprechen dürfte. Und hier ist sie, die Kurzzusammenfassung dessen, was ich mir in den letzten Jahren meines Lehrerdaseins zurechtgedacht habe:

> »Versucht euch zu entspannen, denn sooo wichtig ist der ganze Schulzirkus nicht ...«

Je länger ich als Lehrer arbeite, desto mehr habe ich eine Idee davon, dass nichts der persönlichen Entwicklung junger Menschen so zuträglich ist wie Eltern, die sich eben nicht verrückt machen lassen von Schule, Experten, Moralaposteln, Zukunftsängsten, Verwandten, Medien, Nachbarn, übernommenen Glaubenssätzen oder Einträgen ins Mutti-Heft. Soll das etwa heißen, dass Eltern das Außen mitsamt allgemeingültiger Werte, Normen und Verpflichtungen ignorieren sollten? Nein, der Meinung bin ich nicht. Ich glaube lediglich, es ist wichtig, dass sich Eltern immer wieder freundlich daran erinnern, was ihnen wirklich wichtig ist und warum. Und wenn sie feststellen sollten, dass es zwischen dem, was sie denken und dem, was sie denken sollten, große Unterschiede gibt, können sie eine neue Entscheidung treffen und diese gegebenenfalls kommunizieren. Damit macht man sich speziell in der Schule nicht immer beliebt, aber im Schulgesetz steht nichts darüber, dass sich Eltern beliebt machen müssen. In der Vergangenheit »beichteten« mir einige Eltern, dass sie den von Lehrern ausgeübten Druck nur deswegen übernommen und auf ihre Kinder übertragen hätten, weil sie vollautomatisch der Meinung gewesen waren, sie müssten es tun. Im Grunde ihres Herzens jedoch wollten sie einen anderen, einen eigenen Weg gehen. Nach dem Motto:

»Ja, Schule ist schon irgendwie wichtig, aber so wichtig nun auch wieder nicht. Wir wollen keinen Erfolg um jeden Preis.«

Und manchmal leben Kinder sehr kompetent vor, wie es möglich werden kann, ein Schulleben zu führen, in dem man nicht verrückt wird ...

Vor einigen Jahren begleitete ich einen hochintelligenten Grundschüler, der ganz offensichtlich der Auffassung war, dass Schule nicht so viel Platz in seinem Leben einnehmen sollte. Seine Mutter war da jedoch einer anderen Auffassung. Enttäuscht von den Leistungen ihres Sohnes schleppte sie ihn von A nach B, um sein Konzentrationsproblem in den Griff zu bekommen. Was ihr zunächst nicht in den Sinn kam: Möglicherweise hatte ihr Sohn kein Konzentrationsproblem, sondern nur eine sehr eigene und schlaue Art, seine Konzentration zu bündeln. Er konzentrierte sich ganz einfach auf das, was ihn interessierte und was seinen Talenten entsprach. Der Rest war für ihn belangloses Beiwerk, das er mit einem freundlichen Lächeln zur Seite schob.

Eines Tages – schon lange war ich nicht mehr der Lehrer des besagten Jungen – traf ich die Mutter beim Einkaufen. Ich fragte sie nach dem Werdegang ihres Sohnes und nach ihrem Wohlbefinden. Sie lächelte etwas gequält und sagte:

»Robin ist, wie er ist. Noch immer bin ich manchmal sehr unsicher und ängstlich, aber ich habe festgestellt, dass das meine Angelegenheit ist und nicht seine. Mein Sohn zeigt mir, dass es auch mal leicht gehen darf, und ich bin sehr gespannt darauf, welchen Weg er einschlagen wird. DASS er seinen ganz eigenen Weg gehen wird, zweifle ich nur noch selten an.«

Ich kann mich daran erinnern, dass die Gespräche, die ich als Robins Klassenlehrer mit seiner Mutter führte, nicht gerade einfach waren. Während sie an meinen Ansichten und Vorgehensweisen zweifelte, machten mir ihre Überzeugungen und Anliegen zu schaffen. Und dennoch war unsere Zusammenarbeit konstruktiv. Warum?

Wir waren oft unterschiedlicher Meinung, jedoch machten wir uns nie »falsch«. Während wir unterschiedlich blieben, begegneten wir uns mit Respekt.

Respekt

Wir Lehrer und Eltern können nicht erwarten, dass Kinder und Jugendliche wie Mediatoren oder Dialogbegleiter auftreten, während wir uns benehmen wie angriffslustige Trotzköpfe. Ich korrigiere: Wir können schon entsprechende Erwartungen hegen, nur sollten wir nicht unbedingt davon ausgehen, dass unser Tun von Erfolg gekrönt sein wird. Restriktive Erziehungsversuche (»Ich will, dass du dem Klassenlehrer ab sofort mit Respekt begegnest! Wenn nicht, dann ...!« – »Dein ungehobeltes Verhalten wird sich im Zeugnis auf deine Kopfnoten auswirken ...!«) beeindrucken im Regelfall nur den, der gerade erziehen will (und das Bedürfnis nach Respekt hat). Sie erwecken durchaus den Anschein, als würden sie schnell und effektiv wirken. Allerdings sollten wir bedenken, dass erzieherische Maßnahmen nur sehr selten dazu führen, dass junge Menschen plötzlich einsichtig werden und denken: »Ach so, jetzt habe ich verstanden.« Nein, sie sind zumeist nur deswegen wirksam, weil sie die Integrität des zu Erziehenden bedrohen und keine alternativen Handlungsoptionen zulassen. Und an der Stelle müssen wir abermals festhalten, dass integritätsverletzende Erziehungsmaßnahmen Ängste provozieren und nicht Respekt einflößen. Wir können überhaupt nie Respekt »einflößen«. Es sei denn, wir verwechseln Respekt mit Angst.

Wir können Respekt vorleben oder aber die Idee der Angst einflößenden Integritätsverletzungen.

Wenn Lehrer, Eltern und gegebenenfalls Kinder/ Jugendliche zum Gespräch zusammenkommen – und ich empfehle sehr, dass Kinder und Jugendliche mit von der Partie sind, es sei denn, es wird für sie ein »Auswärtsspiel« –, liegt es in der Verantwortung des Professionellen, seinen wichtigen Werten (wie zum Beispiel Respekt) Geltung zu verleihen. Und das bedeutet nicht, über Respekt zu theoretisieren oder den Mangel an Respekt zu beklagen. Er ist der Prozessverantwortliche und muss Respekt vorleben. Dann (und nur dann) wird er zur Respektsperson und zum konstruktiven Rollenmodell. Im Dialog kommt niemand auf den »heißen Stuhl«! Sobald es Anlass zur Sorge gibt, dass Kinder und Jugendliche »zur Rede gestellt werden« könnten, rate ich davon ab, sie an solchen Gesprächen teilnehmen zu lassen. Hier muss erst geklärt werden, dass man sich zum Gespräch trifft und nicht zur Gerichtsverhandlung.

Und was ist, wenn Eltern auftreten wie Wirbelstürme?

Das ist ohne Frage eine herausfordernde Situation. Aber abgesehen davon, dass ich als Lehrer meine Werte nicht abhängig machen darf vom Verhalten anderer, können Eltern – gerade solche, die gelernt haben, sich laut und deutlich zu verteidigen – von Gesprächspartnern profitieren, die ein anderes Miteinander vorleben. Manche Eltern greifen reflexartig an, weil sie zu oft in die Enge gedrängt wurden. Verständlich. Noch immer werden Eltern zu Gesprächen eingeladen, in denen sie sich plötzlich einem Tribunal aus Lehrern, Schulleitern, Schulpsychologen gegenüber-

sehen. Man sollte dann eher von Vorladungen sprechen als von Einladungen!

Wenn sich Eltern vor mir auftürmen wie Eisberge,
sollte ich als Lehrer gar nicht erst versuchen, noch
größer oder kälter zu sein. Das Eis kann schmelzen,
wenn ich Folgendes sage:

»Schön, dass Sie da sind. Endlich können wir uns
mal kennenlernen. Ich bin sehr gespannt darauf, von
Ihnen zu erfahren, was Sie beschäftigt. Vorab möchte
ich Ihnen sagen, was in mir vorgeht. Ich bin ein bisschen aufgeregt, weil ich Sie noch nicht kenne und weil
ich den Eindruck habe, dass Sie sehr angespannt sind.
Deswegen möchte ich Sie fragen, wie es Ihnen geht
und wie Sie Elterngespräche bisher erlebt haben.«

Mache ich mich als Lehrer nicht verletzlich, wenn
ich Eltern so oder ähnlich begegne? Das ist der Preis
der Authentizität. Ich kann allerdings aus meiner Praxis berichten, dass die meisten Eltern überaus dank-
bar sind, wenn sie zum Dialog eingeladen werden.

Ich denke an Jesper Juul, der uns Pädagogen Mut
macht, keine Chancen zu GEBEN, sondern Chancen
zu SEIN.[24]

---

[24] Juul, Jesper: *Aggression – Warum sie für uns und unsere Kinder notwendig ist.*

»Danke« sagen

»Ohne die sensiblen und verständnisvollen Lehrer an dem Gymnasium in Rostock, das ich besucht habe, wäre mir meine teilweise schwierige Jugend vielleicht zum Verhängnis geworden. Erst viel später wurde mir das klar. Danke ...«

Yvonne Bogosavljevic, kaufmännische Angestellte, zwei Kinder

Wahrscheinlich hat jeder in seinem Leben Ärzte erlebt, die einen behandeln, als wäre man ein unpersönliches Ding, ein Stück Fleisch, ein austauschbares Es, eine zu reparierende Maschine. Wie wohltuend kann es sein, wenn man dann einem Arzt begegnet, der einem zur Begrüßung in die Augen schaut, sich Zeit nimmt, sich interessiert? Nicht nur für den angegriffenen Darm, sondern dafür, dass zu diesem Darm ein fühlendes und einzigartiges Wesen gehört.

Wir alle haben das Bedürfnis, als Subjekte wahrgenommen zu werden. Dieses Bedürfnis ist universell und nicht gebunden an Alter, Geschlecht, Berufsgruppe oder Kontext.

Wie wohltuend kann es sein, wenn man im Elterngespräch einem Lehrer begegnet, der einem zur Begrüßung in die Augen schaut, sich Zeit nimmt, sich interessiert? Nicht nur für die Leistungen des Kindes, sondern insbesondere dafür, dass zu diesen Leistungen ein fühlendes und einzigartiges Wesen gehört (zu dem wiederum fühlende und einzigartige Eltern gehören).

Solche Lehrer sind übrigens keine Fabelwesen. Sie sind da. Ich behaupte, dass es sie an nahezu jeder Schule gibt.

Auch an jener, an der Ihr Kind ist ...

Niemand hält Sie davon ab, in den nächsten Tagen einfach mal »Danke« zu sagen. Auch Lehrer haben das Bedürfnis nach Beachtung und Wertschätzung ...

In dem Moment, in dem sich Pädagogen und Eltern als Subjekte begegnen, wird Dialog möglich, und aus einem ehemals kargen Gesprächsraum kann eine lebendige Begegnungsstätte werden. Dem Dialog liegt eine ganz andere Haltung zugrunde als der Diskussion. Im Dialog verlasse ich als Lehrer die Ebene der Argumentation und begrüße Eltern als gleichwürdige Dialogpartner. Das heißt, dass ihre Gefühle, Gedanken, Bedürfnisse und Grenzen genauso ihre Daseinsberechtigung haben wie die Meinigen. Und zwar unabhängig davon, wie alt sie sind, welchen Beruf sie ausüben, welche Ansichten sie vertreten.

Mit Gesprächstechniken und einem Schutzschild aus rollenbedingter Rechthaberei wird es uns Lehrern möglicherweise gelingen, vorgefertigte Lösungen »an den Mann« beziehungsweise »an die Frau« zu bringen und unterschriebene Absprachen zu den Akten zu legen. Vom wirklichen Gelingen kann aus meiner Sicht jedoch keine Rede sein. Denn wenn zu Objekten degradierte Eltern aus Angst oder Scham die Ziele und Vorgehensweisen des Lehrers abnicken, kann es im nächsten Akt ziemlich brenzlig werden.

Aber manche mögen's ja heiß ...

An einem Strang ziehen ...

»Wir müssen alle an einem Strang ziehen, und bevor alle Stricke reißen, gilt es, die Zügel anzuziehen.«

So oder ähnlich lautete in der Vergangenheit das erste Gebot unzähliger Erwachsener. Und noch immer wirkt die Mär von der Notwendigkeit, an einem Strang zu ziehen. Die meisten Eltern glauben auch heute noch, dass Väter und Mütter EINEN Erziehungsstil vertreten sollten. Eminent viele Lehrer (und Schulleiter) meinen, dass an einer Schule EINE pädagogische Linie verfolgt werden müsse, damit Schüler nicht »herumtricksen« und Lehrer »gegeneinander ausspielen«. Nach meiner Ansicht ist dieser Ansatz nichts anderes als Strandgut einer verjährten Gehorsamskultur. Sowohl in der Familie als auch in pädagogischen Einrichtungen wurde in der Vergangenheit alles getan, um den prognostizierten Super-Gau zu verhindern: Uneinigkeit, Meinungsverschiedenheiten, Aufbegehren. Auf keinen Fall durften die Erwachsenen ihr Gesicht verlieren. Das wäre der Beginn des sicheren Untergangs gewesen. Erst Autoritätsverlust, dann Werteverfall und schließlich Chaos und Anarchie. Auch heute warnen etliche sogenannte Erziehungsexperten vor trotzigen Tyrannen, die die Weltherrschaft übernähmen, so sie nicht zurechtgestutzt würden wie Bonsai-Bäume.

Ich halte solche Angstszenarien für vollkommen überzogen und unrealistisch. Wir können uns durchaus fragen, wer aus welchen Gründen ein Interesse

daran haben könnte, seine Herrschaftsbereiche aus-
zuweiten und Systeme zu destabilisieren. Zu glauben,
dass Kinder und Jugendliche das Ziel verfolgten, die
Macht an sich zu reißen, und nur darauf warten, dass
die Großen uneinig sind und Schwachstellen zeigen,
ist nach meiner Überzeugung das Ergebnis unre-
flektierter Projektionen. Ich kann mich nicht daran
erinnern, als Kind jemals den Drang nach Macht gehabt zu haben. Ich wollte (mehr) mitbestimmen. Das
schon. An Macht allerdings war ich nicht interessiert.
Erinnern kann ich mich an Erwachsene, die aus Mü-
cken Elefanten machten, die sie dann mit Hilfe von
Sanktionen, Dressurmethoden und Gewissensbis-
sen zu verscheuchen versuchten. Ich kann mich des
Eindrucks nicht erwehren, dass viele von uns heute
mehr Angst vor sechsjährigen »Tyrannen« haben als
vor Sechzigjährigen, die ihre Machtpositionen als
Manager, Politiker, Familienoberhäupter oder Lehrer
missbrauchen.

Wenn alle in den Seilen hängen und die Beziehungen zwischen Lehrern, Heranwachsenden und Eltern
am seidenen Faden hängen, müssen sich die Erwachsenen um die Qualität der Beziehung kümmern, anstatt noch mehr Regeln an Kühlschrank- oder Klas-
senzimmertüren zu hängen. Liegen die Beziehungen
am Boden, sind nicht die Kinder und Jugendlichen
die Patienten, sondern die Beziehungen. Wenn mich
meine Partnerin nur noch anmuffelt, schicke ich sie
doch auch nicht zur Muffel-Therapie, weil ich davon
ausgehe, dass sie ein Muffelproblem hat. Nein, sofern
ich mich von ihrem Herumgemuffel nicht automatisch anstecken lasse, frage ich sie: »Wie geht es dir?

Wie geht es dir mit mir?« Noch einmal: Im Fokus unserer Bemühungen müssen die Beziehungen stehen. Und da gibt es nach meiner Ansicht keine sinnvollen Patentrezepte. Wir können und sollten Regeln aufstellen, um Abläufe zu organisieren und Alltägliches zu managen. Jedoch sollten wir Abstand davon nehmen, Verhaltensregeln aufzustellen, um Menschen zu kontrollieren und einzuordnen. Heißt das, dass wir uns jetzt immer lieb und nett begegnen sollen? Bitte nicht. Ein bisschen mehr Freundlichkeit täte uns und anderen bestimmt ganz gut. Das Streben nach konflikt- und spannungsfreien Beziehungen jedoch schwächt die Beziehungen und den Selbstwert aller Beteiligten.

Ausblick: Gleichwürdigkeit, Dialog, Empathie

Ich bin zutiefst davon überzeugt, dass uns allen die Gabe gegeben ist, uns von Subjekt zu Subjekt zu begegnen. Und dennoch fällt es den Menschen gerade im Umfeld Schule so unglaublich schwer, in den gleichwürdigen und empathischen Dialog zu gehen. Warum?

1. Wir sprechen zwar oft von »Mitmenschen« und »Dialog«, jedoch führen wir im Regelfall Diskussionen, in denen wir uns so verhalten, als verteidigten wir uns gegen »Gegenmenschen«.

2. Wir Lehrer haben zu wenig Dialog »gekostet« und stattdessen Diskussionen und Argumente »geschluckt«. Wir wenden das an, was wir gelernt haben.

3. Dialog beruht auf Gleichwürdigkeit. Schule ist eine Pflichtveranstaltung. Der Wert Gleichwürdigkeit ist zumindest erheblich geschwächt, wenn Menschen nicht frei darüber entscheiden dürfen, ob sie teilnehmen oder nicht.

4. An der Universität Princeton wurden Theologiestudenten angehalten, eine Predigt auszuarbeiten und diese zeitnah zu halten. Einige bekamen zufällige Themen zugelost, andere mussten sich mit dem Gleichnis vom barmherzigen Samariter auseinandersetzen. Die Studenten wussten, dass die Predigt beno-

tet werden würde. Auf dem Weg zum Nebengebäude, wo sie die Predigt schließlich halten sollten, stießen sie auf einen offensichtlich hilfebedürftigen Mann. Würden diejenigen Studenten, die sich kurze Zeit vorher mit dem barmherzigen Samariter beschäftigt hatten, eher anhalten und helfen? Die Antwort lautet: Nein. Die Themen hatten keinen signifikanten Einfluss auf das Verhalten der Studenten. Der Faktor, der darüber entschied, ob das Verhalten der Studenten von Empathie und Mitmenschlichkeit geprägt sein würde oder nicht, waren die Faktoren Zeit und Druck.[25]

Wenn wir anderen Menschen mitmenschlich begegnen wollen, brauchen wir Ruhe und Zeit. Unter Angst und Druck laufen wir Gefahr, den Kontakt zu uns, zu unseren empathischen Gefühlen und letztendlich auch zu den Menschen in unserem Umfeld zu verlieren. Viele Schulen provozieren unerträglichen Stress und sind demzufolge Orte, an denen es überaus schwer werden kann, den Schatz der Empathie zu bergen. Wenn wir uns selbst und anderen nicht mehr begegnen können, weil uns Hektik, Leistungsdruck, Konkurrenzkampf, Misstrauen und Angst zu Fremden macht, wird es Zeit, anders über uns und unsere Schulen nachzudenken. Ich glaube, eine zukunftsfähige und menschenfreundlichere Schule ist eine Schule, die auf der Basis von Vertrauen, Gleichwürdigkeit, Dialog und Empathie einen aktiven Teil zur Befriedung unseres Innenlebens, unseres Mitei-

25 Goleman, Daniel: *Soziale Intelligenz. Wer auf andere zugehen kann, hat mehr vom Leben.*

nanders und unseres Planeten insgesamt beisteuert. Und wie kann das gehen? Wie können wir Vertrauen, Gleichwürdigkeit, Dialog und Empathie in den Rang unserer wichtigsten Handlungswerte heben? Indem wir's tun. Indem wir uns mit genau diesen Qualitäten begegnen, während wir uns zu Schulentwicklungsfragen austauschen. Schulentwicklung beginnt in dem Moment, in dem wir uns bewusst machen, WIE wir miteinander in Beziehung treten und WIE wir uns auf den Weg machen. Solange wir daran festhalten, dass sich die ANDEREN bewegen müssen, damit sich überhaupt etwas bewegt, sind wir im alten Fahrwasser. Viele Schulerneuerer schmücken sich mit Hochglanz-Werten, erwarten hinter vorgehaltener Hand aber noch immer Anpassung und Gehorsam. Wir dürfen regelmäßig innehalten und uns freundlich fragen, von welcher Motivation wir getragen sind. Bedeutet Schulentwicklung für uns, ein großes (von anderen geschaffenes) Problem zu lösen und andere vom richtigen Weg zu überzeugen? Oder sehen wir Schulentwicklung als eine Art Schatzsuche, die in und mit uns beginnt? Sehen wir uns als Problemlöser oder als Schatzsucher? Zurzeit treten etliche Menschen auf Podien, um all die Probleme anzusprechen, die wir ihrer Ansicht nach an unseren Schulen haben. Und ich halte das für durchaus notwendig, weil wir in einer Welt leben, in der man kaum Gehör findet, indem man ausschließlich schöne Ideen verkündet. Wir dürfen aber nicht an dem Punkt steckenbleiben, an dem wir uns beschweren und Stolpersteine benennen. Indem wir uns beschweren, beschweren wir uns selbst. Wir dürfen nach vorne blicken und uns mit dem schönen Wort »Ja« verbünden. Nicht mehr

»Nein, so wollen wir es nicht«, sondern »Ja, so wollen wir es.« Nicht mehr »Nein, alles ist schlecht«, sondern »Ja, es ist, wie es ist.« Das trifft selbstverständlich auch auf mich zu. Ich habe in diesem Buch – zumindest für meine Verhältnisse – deutlich Kritik geübt und hoffe sehr, dass ich den Leser dennoch eingeladen, ermutigt und inspiriert habe.

Niemand wird uns einen Bauplan zur Verfügung stellen, mit dessen Hilfe wir aus unseren Schulen Schatzinseln machen können. Auch ich nicht. Der Leser wird sich vielleicht noch immer fragen, an welcher Stelle des Buches die nächsten konkreten Schritte beschrieben werden. Und da wir uns bereits auf den letzten Seite befinden, wird er ahnen: Die gibt es in diesem Buch nicht. Auf jeden Fall können und sollten wir über den Tellerrand schauen und uns all die wunderbaren Schulen anschauen, die es ja bereits gibt. Das Rad müssen wir nicht zum x-ten Mal neu erfinden. Aber: Kopieren lassen sich Schulen nicht. Kopiert haben wir ohnehin schon viel zu viel. Worauf wir vertrauen dürfen, ist, dass die Schatzkarten da sind. Sie schlummern in uns und warten darauf, im Miteinander entdeckt und entziffert zu werden.

Es wird Zeit, dass wir uns auf die Suche machen.

Wir können und sollten uns darüber austauschen, was wir unter Schulentwicklung verstehen und welche Ideen, Modelle und Konzepte wir für günstig befinden. Jedoch sollte niemand behaupten, er wisse, was richtig sei. Das kann niemand wissen. Dieser »Zwischenstand« darf uns indessen nicht davon ab-

halten, eine bessere Schule zu träumen und anzuge-
hen. Denn an dem Punkt lege ich mich fest:

Für junge Menschen, für deren Eltern und für uns
Lehrer brauchen wir (noch) bessere Schulen, und besser werden sie nicht, indem wir sie so lassen, wie sie
sind.

Anerkennen, was ist? Ja. Akzeptieren, dass es so
bleibt? Nein.

Und was machen wir mit unseren Ängsten?

Schlusswort

»Wanderer, deine Fußstapfen sind der Weg, und nichts sonst. Wanderer, einen Weg gibt es nicht, den Weg machst du beim Gehen. Beim Gehen machst du den Weg, und blickst du zurück, so siehst du den Pfad, den du nie wieder betreten musst. Wanderer, einen Weg gibt es nicht, nur Wirbel im Wasser des Meeres.«

Antonio Machado

Meine Tochter Emma war fünf Jahre alt, als sie mich regelmäßig zu sich ans Bett rief. Sie hatte Angst und konnte nicht einschlafen. Wir überlegten, was wir machen können, wenn wir ängstlich sind. Lange Zeit fanden wir keine Lösung. Wir redeten ganz einfach miteinander, was an sich schon sehr erleichternd war. Schlussendlich stellten wir fest, dass sich Angst nicht einfach verscheuchen ließ. Eines Abends – ich dachte, Emma schliefe seit Stunden – sprang sie freudestrahlend aus ihrem Zimmer. »Ich hab's!«, schrie sie lachend, »Ich weiß jetzt, was ich mit meiner Angst machen kann. Ich lade sie zum Kaffeetrinken ein. Und zu meinem nächsten Geburtstag darf sie auch kommen.« Ich war verdutzt, überlegte kurz und sagte: »Das gefällt mir. Was soll denn die Angst nur machen, wenn sie da sein darf? Die Angst merkt dann vielleicht, dass sie keine Angst mehr macht. Vielleicht ist sie einfach nur einsam und sucht einen Freund.«

Einige Wochen später begrüßte mich Emma am frühen Morgen mit folgenden Worten:

»Papa, die Angst ist weg. Sie hat sich verwandelt – in einen Stock!«

Von diesem Gedanken bin ich bis heute fasziniert, obwohl und weil ich mir der Doppeldeutigkeit der in einen Stock verwandelten Angst durchaus bewusst bin. Viele Menschen sind verängstigt und nutzen einen Stock, um zuzuschlagen. Gibt es nicht aber auch andere Nutzungsmöglichkeiten für einen Stock? Ich denke schon. Wenn wir unterwegs sind und nicht genau wissen, wohin uns unser Weg führt, kann uns ein Wanderstock wertvolle Dienste erweisen. Er kann uns in unsicheren Zeiten Halt und Orientierung geben.

In diesem Sinne: Lasst uns zusammen (mit unseren Ängsten) einen Kaffee trinken, unsere Wanderstöcke in die Hand nehmen und aufbrechen. Der Weg ist das Ziel. Wie unsere Schulen im Jahre 2030 aussehen werden, vermag heute niemand zu sagen. Heute können wir aktiv beeinflussen, wie wir heute zusammenkommen, um über die Schulen von morgen nachzudenken.

Andreas Reinke

P.S.

Ich hoffe sehr, dass sich unsere Wege kreuzen werden und wir ein Stück des Weges gemeinsam gehen können. Einladen möchte ich Sie gerne zu einer familylab-Veranstaltung, die Kollegen und ich regelmäßig und auf Anfrage anbieten. Im Rahmen des Weiterbildungsprogrammes »Das wird Schule machen – Kein Bildungssystem kann besser sein als seine Lehrer« können pädagogisch und psychologisch Professionelle (Lehrer, Lehramtsanwärter, Schulleiter, Erzieher, Sozialpädagogen, Schulsozialarbeiter, Schulpsychologen ...) ebenso wie Interessierte (zum Beispiel Eltern) zusammenkommen und von denjenigen Qualitäten kosten, von denen in diesem Buch die Rede ist.[26]

26 http://familylab.de/mehr-zu-das-wird-schule-machen.asp

Quellen

Büntig, Wolf: *Aggression und Depression.* Audio CD. Mühlheim 2006.

Büntig, Wolf: *Das Geschenk des Lebens,* in: Mühleisen, Hans-Otto (Hg): *Das Mögliche verwirklichen. Perspektiven der Humanistischen Psychologie.* Freibusrg im Breisgau 2013.

Goleman, Daniel: *Soziale Intelligenz. Wer auf andere zugehen kann, hat mehr vom Leben.* München 2008.

Gruen, Arno: *Dem Leben entfremdet. Warum wir wieder lernen müssen zu empfinden.* Stuttgart 2013.

Gruen, Arno: *Der Fremde in uns.* München 2002.

Gruen, Arno: *Wider den Gehorsam.* Stuttgart 2014.

Gruen, Arno: *Wider die kalte Vernunft.* Stuttgart 2016.

Hartkemeyer, Martina; Johannes F.; Tobias: *Dialogische Intelligenz. Aus dem Käfig des Gedachten in den Kosmos des gemeinsamen Denkens.* Frankfurt am Main 2015.

Hüther, Gerald; Hauser, Uli: *Jedes Kind ist hoch begabt. Die angeborenen Talente unserer Kinder und was wir aus ihnen machen.* München 2012.

Jensen, Elisabeth; Jensen, Helle: *Dialog mit Eltern. Gelungene Lehrer-Elterngespräche.* München 2008.

Jensen, Helle: *Hellwach und ganz bei sich. Achtsamkeit und Empathie in der Schule.* Weinheim und Basel 2014.

Juul, Jesper: *Aggression. Warum sie für uns und unsere Kinder notwendig ist.* Frankfurt am Main 2013.

Juul, Jesper: *Dein kompetentes Kind. Auf dem Weg zu einer neuen Wertegrundlage für die ganze Familie.* Reinbek bei Hamburg 2009.

Juul, Jesper; Jensen, Helle: *Die 9. Intelligenz – die Intelligenz des Herzens.* DVD. München 2010.

Juul, Jesper: *Kinder, Familien, Schulen unter Druck.* 2 DVDs. München 2011.

Juul, Jesper: *Leitwolf sein. Elterliche Führung der Zukunft und ihr geschichtlicher Hintergrund.* München 2014.

Juul, Jesper: *Pubertät. Wenn Erziehen nicht mehr geht. Gelassen durch stürmische Zeiten.* München 2010.

Juul, Jesper; Jensen, Helle; Bertelsen, Dr. Jes: *Ruhe und Präsenz in der Schule. Hilfe im Schulalltag für Fachleute und Eltern.* DVD. München 2014.

Juul, Jesper: *Schulinfarkt. Was wir tun können, damit es Kindern, Eltern und Lehrern besser geht.* München 2013.

Juul, Jesper; Jensen, Helle: *Vom Gehorsam zur Verantwortung. Für eine neue Erziehungskultur.* Weinheim und Basel 2009.

Juul, Jesper; Hoeg, Peter; Bertelsen, Jes; Hildebrandt, Steen; Jensen, Helle; Stubberup, Michael: *Miteinander. Wie Empathie Kinder stark macht.* Weinheim und Basel 2012.

Kabat-Zinn, Jon: *Gesund durch Meditation. Das große Buch der Selbstheilung.* Augsburg 2013.

Kaltwasser, Vera: *Achtsamkeit in der Schule. Stille-Inseln im Unterricht: Entspannung und Konzentration.* Weinheim und Basel 2008.

Largo, Remo H.: *Kinderjahre. Die Individualität des Kindes als erzieherische Herausforderung.* München 2008.

Largo, Remo H.: *Lernen geht anders. Bildung und Erziehung vom Kind her denken.* München 2012.

Largo, Remo H.; Beglinger, Martin: *Schülerjahre. Wie Kinder besser lernen.* München 2009.

Mendizza, Michael; Chilton Pearce, Joseph: *Neue Kinder, neue Eltern.* Freiamt 2008.

Mourier, Martin: *Neue Führungskompetenz.* München 2012.

Precht, Richard David: *Anna, die Schule und der liebe Gott. Der Verrat des Bildungssystems an unseren Kindern.* München 2015 .

Reinke, Andreas: *Das wird Schule machen – Kein Bildungssystem kann besser sein als seine Lehrer!* München 2015.

Riegel, Enja: *Schule kann gelingen! Wie unsere Kinder wirklich fürs Leben lernen.* Frankfurt am Main 2005.

Rosenberg, Marshall B.: *Gewaltfreie Kommunikation. Eine Sprache des Lebens. Gestalten Sie Ihr Leben, Ihre Beziehungen und Ihre Welt in Übereinstimmung mit Ihren Werten.* Paderborn 2004.

Schiffer, Monika: *Arno Gruen. Jenseits des Wahnsinns der Normalität. Biographie.* Stuttgart 2008.

Schmidt, Gunther: *Einführung in die hypnosystemische Therapie und Beratung.* Heidelberg 2015.

Schuhmann, Christoph: *Schools of trust. Der Aufbruch zu den Schulen von Morgen.* DVD. Leipzig 2015.

Siegel, Daniel J.; Hartzell, Mary: *Gemeinsam leben, gemeinsam wachsen. Wie wir uns selbst besser verstehen* und unsere Kinder einfühlsam ins Leben begleiten können. Freiamt 2004.

Siegel, Daniel J.: *Mindsight. Die neue Wissenschaft der persönlichen Transformation.* München 2012.

Schopp, Johannes: *Eltern stärken. Die dialogische Haltung in Seminar und Beratung. Ein Leitfaden für die Praxis.* Opladen und Farmington Hills 2010.

Wagenhofer, Erwin: *Alphabet. Angst oder Liebe?* DVD. Aschaffenburg 2014.

Kabat-Zinn, Jon: *Gesund durch Meditation. Das große Buch der Selbstheilung.* München 2011.

Internetquellen

www.adz-netzwerk.de/files/docs/largo_individ_okt08.pdf (abgerufen am 02.02.2014).

http://familylab.de/files/artikel_pdfs/familylab-artikel/lernen-deschule_helle_jensen_01.pdf (abgerufen am 17.06.2016).

http://familylab.de/mehr-zu-das-wird-schule-machen.asp (abgerufen am 20.10.2016).

http://www.spiegel.de/lebenundlernen/schule/strafversetzt-wegen-guter-noten-grundschul-rebellin-erhaelt-courage-preis-a-628411.html (abgerufen am 15.08.2016).

http://www.zeit.de/2013/07/ADHS-Studien (abgerufen am 25.05.2016).

family/lab.de® – die familienwerkstatt

www.familylab.de
www.familylab.at
www.familylab.ch

familylab.de – die familienwerkstatt ist eine unabhängige Organisation, und die Adresse für Eltern, Lehrer, Mitarbeiter in Unternehmen, die eine solide Basis im Umgang miteinander finden wollen. Für Menschen, die gerne ihre eigenen Werte, im Dialog mit den Erfahrungen von Jesper Juul und familylab bezüglich Familienleben und Kindererziehung, entwickeln wollen.

In der *familienwerkstatt* sind wir Spezialisten darin, Vorträge und Seminare zu gestalten, in denen Eltern und professionelle Fachleute Anregungen und Ideen zu ihrer Arbeit finden können. Und um die bestmögliche Chemie innerhalb der Familie, zwischen Kindern und Erwachsenen, wie auch in Beziehungen innerhalb von Schulen und Betrieben, zu schaffen.

Zum einen haben wir den Wunsch, durch Vorträge, Seminare, Workshops, Symposien, Bücher, Artikel und Filme für Eltern und für Fachleute, die psychosoziale Gesundheit und das Wohlergehen der heutigen und zukünftigen Eltern und Kinder zu verbessern. Damit wollen wir die vielen unterschiedlichen Familien darin unterstützen, gesunde Beziehungen zu schaffen, ohne Gewalt und Missbrauch bei Kindern, Jugendlichen und Erwachsenen.

Zum anderen wollen wir durch öffentliche Bildung, Dialoge, Formulierung von Werten und dem Verbreiten von relevanten, wissenschaftlichen Erkenntnisse die Art und Weise beeinflussen, wie Männer und Frauen über ihre Familien denken und sie aufbauen. Ebenso wollen wir die Werte und das Verhalten in Kinderkrippen, Kindergärten und Schulen so beeinflussen, dass eine optimale Umgebung für ein gemeinsames, soziales, emotionales, kreatives und akademisches Lernen entsteht.

Unsere Vision sind Familien, Institutionen und Gesellschaften mit viel weniger Gewalt, Missbrauch, Sucht und Vernachlässigung. Wir wollen allen guten Willen, Liebe und Hingabe mobilisieren, innerhalb von Familien, Organisationen, wie auch in der Gesellschaft als Ganzem.

»Das Schlüsselwort heißt Beziehung. Ihre Qualität entscheidet über unser Wohlbefinden und unsere Entwicklung als Mensch. Kinder werden mit allen wesentlichen menschlichen Qualitäten geboren und haben daher auch dieselbe Verletzlichkeit und Überlebensfähigkeit wie Erwachsene. Eltern zu sein bedeutet, eine Rolle im Leben einzunehmen, die uns vor große Herausforderungen stellt. – Das sogenannte Problem oder Symptom ist nicht so wichtig. Wichtig ist die Person, die das Symptom trägt. Wir können das Problem nicht lösen, aber wir können Menschen darin unterstützen, destruktive Systeme, Perspektiven und Verhalten ins Konstruktive zu wandeln.« Jesper Juul